LA PROMOZIONE

Gebhardt & Cataldo

LA PROMOZIONE

*Ein kulinarischer Wanderkrimi
aus den Abruzzen*

*Mit 6 Wanderungen &
Geheimtipps für die Einkehr*

Alle Fotos von den Autoren

Die in diesem Band vorgestellten Wanderungen wurden mit aller Sorgfalt
recherchiert, beschrieben und illustriert. Dennoch erfolgen alle Angaben
ohne Gewähr, da zwischenzeitliche Änderungen nicht auszuschließen sind.
Weder die Autoren noch der Verlag können aus daraus resultierenden Nach-
teilen eine Haftung für Schäden irgendwelcher Art übernehmen.

Auf jeden Fall freuen wir uns über Korrekturen, Anregungen und Verbes-
serungen zu diesem Buch. Bitte senden Sie diese an Verlag Berg & Tal,
Hirschgartenallee 34, 80639 München, Tel. 089/63 85 08 80,
E-Mail: info@bergundtal-verlag.de

www.bergundtal-verlag.de

Layout, Typografie und Realisierung: Catherine Avak, Iphofen
Covergestaltung: Christian Weiß, Fürstenfeldbruck
Kartographie: Eckehard Radehose, www.radehose.com
Lithographie: Helio Repro, München
Druck und Bindung: MDV Maristen Druck und Verlag, Furth
Printed and bound in Germany

ISBN 978-3-939499-41-1

Inhalt

»*Senti,* Mario, das ist doch ein Tag wie im Paradies, der Himmel, die Farben, die Gerüche und diese Stille …«

»Ja, Enzo, wenn du deine Klappe halten würdest.« Völlig außer Atem und schwitzend kämpfen sich Commissario Mario Moretti und sein Kollege Sergente Enzo Peroni den steilen Hang Richtung Cento Fonti hinauf. Wie zwei Wanderer sehen die beiden Herren in ihren feinen Hosen und Halbschuhen nicht aus, eher wie zwei Stadtmenschen, denen man das Einkaufscenter gegen den Urwald vertauscht hat. Ihre Maßhemden, schweißgebadet, kleben wie eine Vakuumverpackung an ihren Körpern. Bei Commissario Moretti sieht es nicht schlecht aus, man kann seinen athletischen Körper sehr gut erkennen, was allerdings bei seinem Kollegen nicht der Fall ist. Er erinnert viel mehr an eine dieser großen, zwei Meter langen Riesenmortadellas, die man im Supermarkt in der Wurstabteilung bewundern kann.

»So, hier sehen wir den Weg und den Wald, außerdem hab ich jetzt die Schnauze voll, ich kann und will nicht mehr.«

Commissario Moretti setzt sich auf einen zum Abtransport hergerichteten Holzstoß und blinzelt gelangweilt in die Sonne, als wollte er ihr sagen: Du kriegst mich nicht klein.

»Jetzt müssen wir nur noch auf die Mörder warten.«

»Enzo, nicht auf Mörder, auf Wilderer, und ob die hier am helllichten Vormittag aufkreuzen, halte ich für unwahrscheinlich.«

»Aber unser Questore hat uns doch den Ort hier genau beschrieben. Die Mörder, äh, *scusa,* Wilderer haben die letzten Male immer diesen Weg hinab zum Abtransport benutzt.«

»Dann soll er sich doch selber hersetzen, der feine Signor Questore, es ist doch sein Revier, seine Hirsche. Soll er doch seine Freunde von der Polizia Forestale herschicken«, fährt Moretti seinen Kollegen Peroni wütend an.

»Du weißt genau, dass die Polizia Forestale nicht im privaten Wald patrouilliert, außerdem haben wir ja eh nichts zu tun, und besser als Büroarbeit ist es allemal. Schau mal, Mario, die Opfer sind schon da.«

Enzo zeigt auf die kleine Lichtung, auf der gerade ein paar Rehe in Richtung Wald ziehen.

»Ja, nur ihre Mörder, ach Blödsinn, du machst mich ganz verrückt, Enzo. Hast du was zu Essen dabei? Luisa hat dir doch sicher Proviant für eine Woche mitgegeben.«

»Nichts, Mario, ich dachte, wir könnten später …«

Moretti winkt sofort ab und zeigt auf seine Kleidung. »So wie du aussiehst, vergiss es!«

Er betrachtet sich und seinen Kollegen und versucht mit ein paar ausgerissenen Blättern seine Schuhe zu säubern.

Peroni, der noch immer vor dem Holzhaufen steht, grinst auf einmal über das ganze Gesicht

»Mario, hab ich dir schon gesagt, dass der Fall gelöst ist?«

»Welcher Fall?«

»Na, der Fall Signora Capuzzi!«

Enzo Peroni wartet auf ein Zeichen, eine Geste, ein »jaaa« von Moretti; er muss doch den Fall kennen, denkt er.

»Der Mord-, na ja Todesfall«, fügt er noch helfend hinzu.

»Enzo, langweil mich nicht.«

»Die Katze, die dreibeinige von Signora Capuzzi. Wir haben sie gefunden, überfahren in einer Seitenstraße, an der Piazza Martiri della Libertà, platt wie eine *sogliola*.«

»Und, was hast du mit ihr gemacht?«

»Mit wem, der Signora Capuzzi?«

»Nein, du Idiot, mit der Katze.«

»Ach so, ich habe sie von der Straße gekratzt und Sergente Rumero gegeben. Der weiß, wo sie wohnt und hat sie der Signora vor das Gartentor gelegt. Mit einer Visitenkarte von dir.«

»Von mir?«

»*Scusa,* wir hatten sonst keine.«

»Der spinnt wohl.«

Die dreibeinige Katze der Signora Capuzzi war in der Gegend um die Piazza Martiri della Libertà jedem Autobesitzer bekannt, da sie nichts lieber tat, als sich auf die warmen Kühlerhauben der geparkten Autos zu legen und diese auch als Kratzbaum zu nutzen. Nicht wenige haben ihr dieses Schicksal gewünscht.

Moretti hebt den rechten Zeigefinger und fragt Peroni: »Mord oder Unfall?«

»Ääh, sollten wir ermitteln, Mario?«

Moretti dreht sich ab und nuschelt irgendwas, zum Glück Unverständliches, vor sich hin.

Zur gleichen Zeit, im Parco Nazionale am Lago Campotosto, rast ein roter Pickup über die Wiese vom See in Richtung Strada Provinciale, mit so hoher Geschwindigkeit, dass er kurzzeitig mit allen vier Rädern in der Luft ist, als er über eine kleine Böschung fliegt. Sergio Baldo, ein von der Witterung gezeichneter, ehemaliger Postbeamter Anfang Siebzig, der gerade mit seiner Angelausrüstung in Richtung See marschiert und die Szene beobachtet, schreit wie ein Marktverkäufer in Teramo:»Roberto, alter Sack, jetzt übertreibst du aber gewaltig!«

Roberto, Sergios Freund, ist der Besitzer des Pickup. Er wohnt in Teramo, betrieb dort lange einen Schuhladen und verbringt seinen Ruhestand am liebsten hier am See oder in den Bergen. Den Wagen hat er sich vor kurzem nagelneu aus San Benedetto del Tronto geholt. Eigentlich ist das Fahrzeug für ihn ziemlich überflüssig, sein alter Panda 4 × 4 hat ihn ebenfalls überall hingebracht.»Na ja, wenn der alte Sack heute nicht angeln, sondern lieber die Rallye Monte Carlo gewinnen will, gehe ich halt gleich zum Essen«, brummelt Sergio vor sich hin und will kehrtmachen, als er den Klappstuhl und den Angelkoffer von Roberto sieht.

»Jetzt spinnt er wohl komplett.«

Sergio geht zu den Sachen, um sie mit ins Dorf zu nehmen. Noch ein paar Schritte vom Ufer entfernt sieht er Roberto am Boden liegen. Eingerollt liegt er da, wie ein schlafender Hund, seinen Kopf in Richtung See gestreckt. Als Sergio seinem Freund ins Gesicht sieht, erkennt er sofort, dass er tot ist. Seine Bewegungen werden erst hektisch, er schaut sich um, möchte um Hilfe rufen, sieht aber, dass er und sein Freund alleine sind. Jetzt wird Sergio ganz ruhig, als wollte er den schlafenden Roberto nicht wecken. Sergio kniet sich vor ihm nieder und möchte gerade ein Gebet sprechen, da sieht er, dass sein Hemd im Bereich des Oberkörpers blutbedeckt ist und der Griff von Robertos Angelmesser in der Nähe des Herzens steckt. Ihm fällt Robertos Pickup ein, und es wird ihm sofort klar.

»Oddio, un assassino!«
Sergio richtet sich auf und eilt wild gestikulierend Richtung Campotosto.

Commissario Moretti und sein Kollege genießen die späte Vormittagssonne und ziehen gerade ihre Hemden an, die sie zum Trocknen über einen Ginsterstrauch gehängt hatten, als das Handy von Sergente Peroni leutet. Der Klingelton, die italienische Nationalhymne, entlockt Moretti eine salutierende Geste.

»No! Non è possibile, ein Mord!«

Dann ist es wieder still. Moretti sieht zu Peroni und ruft: »Welche Gattung?«

Peroni hört gespannt der Nachricht seines Mitarbeiters aus der Questura zu und zeigt Moretti nebenbei den Vogel.

»Hund, Katze, Maus?«, grinst Moretti und knöpft sich sein Hemd fertig zu.

»Sì, subito, wir sind unterwegs!«, kommt es in schneidigem Ton über Peronis Lippen. Er steckt das Handy weg und stottert dabei: »Mario, ei… ei… ein richtiger Menschenmord am Lago Campotosto!«

Moretti möchte am liebsten »Hurra« schreien, besinnt sich aber sofort wieder und ruft mit ernster Miene zu Peroni: »Na los, nichts wie hin!«

Erst in diesem Moment fällt den beiden ein, dass ihr Auto zur Tarnung circa dreißig Minuten bergab im Gebüsch steht. Fluchend fangen sie an zu laufen, da zerreißt ein lauter Knall die Stille.

»Die Wilderer!«

»Scheißegal, Enzo, wir haben was Wichtigeres zu tun!«

Der beschleunigte Abstieg zum Auto geht nicht ohne ein paar Ausrutscher vonstatten.

Das Resultat sind zwei zerrissene Hosen, auch die Hemden schauen nicht mehr so aus, als ob man sie retten könnte, und die Schuhe sind höchstens noch für den Acker geeignet. Am Auto angekommen, reißt Moretti die Zweige von der Windschutzscheibe, mit denen sie den Wagen getarnt haben. Peroni sitzt schon im Auto, fährt langsam an, und Moretti springt im Fahren dazu. Peroni schaltet das Blaulicht und die Sirene ein. Ein Blick von Moretti reicht, und Peroni schaltet beides wieder aus.

»Komiker, willst du die Rehe erschrecken?«

Erst als sie nach zwei Kilometern Waldweg die Straße erreichen, schaltet Peroni beides wieder ein. Mit Höchstgeschwindigkeit, was bei dem Punto ungefähr 95 km/h sind, jagen die beiden nach Campotosto. Auf dem Weg dorthin kommen ihnen drei oder vier Fahrzeuge entgegen, deren Insassen, sobald sie den Punto sehen, mit ihren Gesichtern an der Scheibe klebend aus vollen Herzen lachen. Auch die auf den hinteren Plätzen drängen sich nach vorne, um nichts zu verpassen, oder winken fröhlich aus den Seitenfenstern, als ob ihnen die italienische Fußballmannschaft entgegenkäme. Peroni und Moretti tun aber so, als würden sie es gar nicht bemerken. Jetzt steigt auch noch die Temperaturanzeige des Kühlwassers in den roten Bereich, und Wasserdampf steigt aus dem Kühlergrill nach oben in Richtung Frontscheibe. Peroni muss die Scheibenwischer einschalten, um noch die Straße zu sehen.

Am Fundort von Roberto Trulli sind inzwischen die Feuerwehr, die Polizia Forestale, der Staatsanwalt von Teramo, der Rettungsdienst, die Spurensicherung aus Teramo und gut die Hälfte der Bewohner von Campotosto versammelt. Um die Spuren in direkter Umgebung des Fundortes nicht zu zerstören, hat der Staatsanwalt die Feuerwehr angewiesen, denselbigen abzusperren. Allerdings sieht die Absperrung etwas unpassend aus, da es sich um die Lichterkette vom Weihnachtsmarkt handelt. Die andere Hälfte der Bewohner steht an der Piazza neben dem Behelfsbau des Ristorante »Barilotto«.

Als am 6. April 2009 das große Erdbeben in L'Aquila wütete, gab es auch hier große Schäden. Die meisten Häuser tragen seitdem ein Korsett aus Holzbalken und Stahlseilen. Einige sind eingestürzt oder unbewohnbar. So auch die vier Gebäude entlang der Piazza, wo sich früher auch das Ristorante »Barilotto« befand. Seitdem ist das Lokal in einem Containerbau auf der Piazza untergebracht.

Sprachlos stehen die meist alten Bürger des Ortes in kleinen Gruppen zusammen und warten auf Nachricht vom See. In ihren Gesichtern kann man Trauer und Angst erkennen. Commissario Moretti und Sergente Peroni nähern sich dem See und sehen am Blaulicht der Feuerwehrfahrzeuge, dass der Tatort sich am andern Ende des Ortes befindet.

»Toll, alle sind schon da!«

»Enzo, wer ist schuld? Wer hat uns auf Safari geschickt?«

Um keine unnötige Zeit zu verlieren, rast Peroni mit Vollgas durch die Ortschaft an der Piazza vorbei. Wie auf Kommando schauen die Alten zu dem Punto, der mit Blaulicht, Sirene und laufenden Scheibenwischer vorbeikommt. Manche müssen gleich zweimal hinschauen, weil sie ihren Augen nicht trauen. Bei so manchem verwandelt sich der traurige Blick in ein Lächeln, ein zahnloses Grinsen und bei einigen sogar in ein herzhaftes Lachen.

»*Minchione!*«

»Wer, Mario?«

»Na, schau sie dir mal an, diese Verrückten.«

Aber zum Schauen hat Peroni nicht die geringste Zeit, denn er rast die leicht abschüssige Straße zum Fundort hinunter. Dass die anderen Einsatzfahrzeuge alle auf der Straße abgestellt sind, ignoriert er, und bei der ersten Möglichkeit fährt er auf die Wiese, um möglichst nahe an den Ort des Geschehens zu gelangen. Moretti fixiert seinen Kollegen mit leicht zweifelndem Blick, kann aber folgendes Szenario nicht verhindern. Peroni, der alles noch scheinbar unter Kontrolle hat, geht lässig auf die Bremse, um den Wagen zum Stehen zu bringen, der aber rutscht mit blockierenden Rädern in Richtung Weihnachtsbeleuchtung, die dann auf der Motorhaube einschlägt und sich sofort im Scheibenwischer verfängt. Jetzt dreht sich der Punto einmal um die eigene Achse, und nur durch einen artistischen Sprung kann der Staatsanwalt verhindern, dass er ebenfalls auf der Motorhaube landet. Ungefähr fünf Meter vor Roberto Trulli kommt der Punto zu stehen. Schon jetzt hätte sich Commissario Moretti am liebsten unter der Fußmatte verkrochen.

»Bingo, wir sind gelandet, das hast du wirklich gut gemacht, Enzo! Respekt, ich bin stolz auf dich. Hast du Autogrammkarten dabei? Du wirst jede Menge davon brauchen!«

Moretti rückt sich seine Sonnenbrille zurecht und steigt aus. Als er nach dem Aussteigen nach rechts zum Staatsanwalt schaut, fällt sein Blick auf das Dach des Puntos, und ihm wird einiges klar. Beim Enttarnen des Wagens im Wald haben sie zwar die Äste von der Windschutzscheibe gerissen, doch die auf dem Dach und an den Seiten, die sie mit Spanngurten befestigt hatten, sind alle noch dran. Das Blaulicht leuchtet durch das Gestrüpp hindurch, und Wasserdampf steigt noch immer aus dem Kühlergrill. Moretti und Peroni, die nun beide neben ihrem Auto stehen, sehen aus, als wären sie gerade einem Erdbeben, einer Explosion und einem Tornado entkommen. Ein Feuerwehrmann ist so begeistert über die Aktion, dass er ein wenig applaudiert, aber es sofort wieder sein lässt, als der mörderische Blick des Staatsanwalts ihn trifft.

Dottor Stefano Zanetti, leitender Arzt der Pathologie in Teramo und bester Freund von Moretti, der sich gerade neben der Leiche stehend einige Notizen macht, dann den Punto, Peroni und zuletzt Moretti von unten nach oben ansieht, greift sich an die Stirn, und halblaut flüsternd kommt es ihm über die Lippen:»Afghanistan?«

Moretti schließt die Augen und antwortet kopfschüttelnd: : »*No, Vietnam. Salve, Stefano.*«

Er schaut sich wieder um und sucht nach dem gutgekleideten, feminin wirkenden Mann, der dem Punto gerade noch entkommen konnte. Nach dem Bericht aus der Questura müsste es sich dabei um Staatsanwalt Dottor Calda handeln. Dottor Calda, der offensichtlich gerade damit beschäftigt ist, seine Fassung nicht zu verlieren, wartet nur darauf, dass Commissario Moretti zu ihm kommt.

»*Buon giorno,* ich bin Commissario Moretti, und das da drüben ist …«

»Ist mir egal, wer das ist. Wir haben eine Leiche, einen spurenmäßig wertlosen Fundort und einen flüchtigen Täter. Was gedenken Sie zu tun, Commissario?«.

Moretti, der jetzt ebenfalls sichtlich angefressen ist, wendet sich von Dottor Calda ab und geht auf Zanetti zu.

»Stefano, kannst du mir schon was sagen?«

»Na ja, Mario, ein Messer im Herz, verhältnismäßig wenig Blut und, soweit ich sehen kann, keine Kampfspuren. Ich werde ihn mir aber sofort im Institut anschauen und gebe dir dann gleich Bescheid!«.

»Danke, Stefano.« Den wortlos und bedrückt dastehenden Dorfbewohnern hinter der noch übriggebliebenen Absperrung ruft Moretti zu: »Wer kennt den Toten, wer hat uns verständigt, und wer hat was gesehen?«

Peroni, der schon oben bei den Leuten steht, ruft zu Moretti zurück: »Er heißt Roberto Trulli, sein Freund Sergio Baldo hat ihn gefunden. Der sitzt oben im Ristorante ›Barilotto‹, der Wirt hat uns benachrichtigt. Der Herr hier sagt, dass Signor Baldo durch das Dorf gelaufen ist und gerufen hat: ›Roberto wurde ermordet, und der Mörder ist mit seinem Auto geflüchtet.‹«

»Was für ein Auto hat der Tote?«

»Einen roten Pickup, das Kennzeichen weiß ich aber nicht«, ruft ihm der Signore zu. Peroni läuft zu Moretti hinunter, aber bevor er zu reden beginnt, fällt Moretti ihm ins Wort

»Genau, Enzo, ruf in der Questura an. Sie müssen alle Straßen Richtung Teramo, Ascoli und L'Aquila sperren. So viele rote Pickups gibt es nicht!«

Peroni zählt im Geiste die Straßen ab, die sie sperren müssten, und nimmt dabei auch die Finger zu Hilfe.

»Mario, fünf Straßen, so viele Fahrzeuge haben wir nicht!«

»Ist schon klar, sie sollen die Polizia Municipale um Hilfe bitten!«

»Stefano!« ruft Moretti noch dem Gerichtsmediziner nach.

»Wie lange ist er schon tot?«

»Schätze, zwei, drei Stunden.«

Moretti geht davon aus, dass der Mörder die Gegend schon verlassen hat, lässt aber die Straßensperren dennoch anordnen.

»Moretti, heute noch!«, hört er noch von Dottor Calda, der sich auf den Beifahrersitz seines Dienstwagens fallen lässt. Sein Fahrer rast mit quietschenden Reifen davon. Die in weißen Overalls gekleideten Beamten der Spurensicherung stecken einige kleine Dinge in Plastiktüten, ein anderer rührt in einer Plastikschüssel Gips an, den er dann in den Reifenabdruck des Fahrzeugs von Roberto Trulli gießt.

»Komm, Enzo, wir fahren ins Dorf und reden mit dem Zeugen, aber mach zuerst die Deko runter vom Auto.«

Peroni, der mit einer wassergefüllten Plastiktüte vom See kommt und den Kühler befüllt, ist sich nicht sicher, ob er es mit dem Auto über die steile Wiese wieder auf die Straße zurück schafft, und bittet drei Feuerwehrmänner, sich zum Schieben bereitzuhalten. Commissario Moretti setzt sich ans Steuer, und als Peroni die Weihnachtsdeko samt Ästen und dem Scheibenwischer der Fahrerseite weggerissen hat, fahren sie, begleitet vom Applaus der Feuerwehr, in einem großen Bogen auf die Straße zurück. Im Ort angekommen, gehen sie direkt ins Ristorante »Barilotto« und erkennen sogleich den Zeugen Sergio Baldo, der von einer Handvoll Personen umringt ist.

»Wir sind von der Polizei und bitten alle, die nichts zu sagen haben, das Ristorante zu verlassen.«

»… und die nichts essen und trinken wollen!«, kommt es von hinter der Theke.

Ein paar Wanderer und Motorradfahrer sind unter der Woche die einzigen Gäste im Lokal, aber heute bleiben alle hier, und jeder versucht, sich so nah wie möglich am Tisch von Sergio Baldo und den Beamten einen freien Platz zu sichern. Schnell hat der Wirt sich seinen Notizblock geschnappt und nimmt an den Tischen die Bestellungen auf.

»*Buon giorno*, Signor Baldo. Ich bin Commissario Moretti, und das ist Sergente Peroni.«

Ein leichtes Grinsen kommt Signor Baldo über die Lippen. Das passiert oft, wenn Commissario Moretti seinen Kollegen Sergente Peroni vorstellt.

»Signore, erzählen Sie uns doch bitte, was Sie gesehen haben.«

»Fischen, wir fischen fast jeden Tag, aber heute war ich leider zu spät. Ich wollte schon wieder kehrtmachen, als ich Robertos Auto gesehen habe. Es flog an mir vorbei!«

»Es flog?«

»Ja, es ist regelrecht auf die Straße geschossen, als wäre der Teufel hinter ihm her.«

»In welche Richtung?«

»Richtung Dorf. Ich sah seinen Klappstuhl und sein Angelzeug und wollte alles mit rauf nehmen. Da hab ich ihn gefunden.«

»Die Person im Auto – konnten Sie was erkennen?«, fragt Moretti, ohne eine positive Auskunft zu erwarten.

»Bitte, Signori, was möchten Sie essen?«, unterbricht sie der Wirt.

»Mario, ich kann dir die *Amatriciana bianca* empfehlen.« Ein Vorschlag von Peroni, der das Lokal und den Wirt gut kennt.

»In Ordnung, nehmen wir, und Wasser und Wein, danke. Noch eins bitte: Sie haben uns benachrichtigt?«

»Ja, hab ich. Sergio ist zu mir gekommen. Erst hab ich ihn gar nicht verstanden, so durcheinander war er.«

»Wie spät war es da?«

»So gegen elf, denke ich.«

»Danke, vielleicht brauchen wir Sie dann später noch.«

Moretti sieht zu Peroni, der sich den Brotkorb geschnappt hat und schon das vierte Stück Brot mit Olivenöl beträufelt und es sich genüsslich in den Mund schiebt.

»Commissario, ich konnte in dem Auto niemanden erkennen. Die Geschwindigkeit und die verdunkelten Scheiben. Es ging alles so schnell.«

Signor Baldo laufen die Tränen über das Gesicht. Moretti klopft ihm mitfühlend auf die Schulter.

»Tut mir sehr leid, Signor Baldo. Ich will Sie jetzt nicht mehr weiter belästigen. Aber vielleicht dürfen wir Sie zu Hause besuchen, wenn wir noch was brauchen. Wo wohnen sie denn?«

»Gleich gegenüber, neben der Kirche.«

»Enzo, frag mal nach, ob die Straßensperren schon errichtet sind!«

»Mach ich, aber draußen, da hab ich mehr Ruhe.«

Peroni steht auf, greift sich noch im Vorbeigehen eine Handvoll Brot und drängt sich durch die engen Stuhlreihen zum Ausgang. Im Ristorante riecht es mittlerweile schon köstlich nach der *Pasta Amatriciana,* die anscheinend alle anderen auch bestellt haben. Jetzt kommt der Wirt zum Tisch von Moretti und stellt drei Teller, wunderbar gefüllt mit frischer selbstgemachter Pasta, auf den Tisch. Signor Baldo winkt zwar dankend ab, aber Moretti nickt dem Wirt zu, alle drei Portionen zu servieren, in der Vorahnung, dass Sergente Peroni sicher viel Hunger hat. Das Wasser, das aus eigener Quelle kommt und vorzüglich schmeckt, und der Montepulciano sind auch angekommen, nur Peroni fehlt noch. Da die Pasta natürlich heiß am besten schmeckt, fängt Commissario Moretti an zu essen ...

»*Buon appetito,* Commissario.«

Grazie, Signor Baldo.«

Als Peroni, der in diesem Moment in das Ristorante kommt, das sieht, springt er wie ein Slalomfahrer durch die Stuhlreihen, ohne Rücksicht auf Verluste. Dabei rumpelt er einen Gast so kräftig an, dass der sich die Gabel samt Pasta fast bis in den Magen schiebt. Einem anderen steigt er kurz vor dem Ziel dermaßen auf den Fuß, dass dieser den Wein, den er gerade schlucken wollte, seinem Gegenüber in den Salat spuckt.

»Schmeckt der nicht?«, fragt Peroni sein Opfer im Vorübergehen, will aber auf die Antwort gar nicht warten und stürmt durchs Ziel zu seiner Pasta.

»*Buon appetito,* Commissario!«

Und schon geht's los. Signor Baldo wird Zeuge, wie schnell ein Teller Pasta verdrückt ist. Noch bevor Moretti bei der Hälfte seiner Portion angekommen ist, schielt Peroni auf den Teller, der vor Signor Baldo steht.

»*Prego,* Sie können die Pasta gerne haben.«

Schon hat der Teller seinen Platz gewechselt, und Peroni ist wieder in Aktion.

»Signor Baldo, *scusi,* eine Frage noch, bitte. Wo wohnte Ihr Freund Roberto?«.

»In Teramo, Via Delfico 2.«

»Wohnte er dort allein, oder hat er Tiere in seiner Wohnung.«

»Allein, ganz allein, seine Frau ist leider letztes Jahr verstorben.«

»*Grazie,* Signor Baldo.«

»Sag mal Mario, wo hast du eigentlich dein Handy? Der Questore hat dich schon ein paar Mal versucht zu erreichen, aber dein Handy klingelt nur, sagt er.«

Da klingelt's auch bei Moretti. Sein Handy ist sozusagen ausgesetzt im Wald; als er sein Hemd zum Trocknen aufgehängt hat, ist es ihm wahrscheinlich aus der Brusttasche gefallen.

»Wenn wir in der Questura sind, sollst du zu ihm aufs Zimmer kommen.«

Wenn der Questore Brolio jemanden zu sich ruft, ist das eigentlich nichts Besonderes. Er ist ein ganz braver umgänglicher Mensch, der einfach gerne weiß, was so in seiner Stadt und Umgebung los ist; in die Ermittlungen mischt er sich so gut wie nie ein. Am liebsten geht er in der Stadt spazieren und genießt es, von allen Seiten hofiert zu werden. Besonders bei den Damen ist er gern gesehen, nicht nur, weil er ein sehr ansehnlicher Mann ist – der Questore ist auch ein Gentleman alter Schule und sehr spendabel. Auch mit seinen Untergebenen trifft er sich gerne außerhalb der Questura, in einer Bar oder zum Mittagessen in einer der vielen guten Ristoranti. In seinem Büro hält er sich hingegen nicht so gerne auf, denn in seinem Vorzimmer herrscht Signorina Uccello, die Sekretärin von Questore Brolio, die nicht ohne Grund von Signora Brolio ausgesucht wurde, denn auch sie weiß von der charmanten Art ihres Ehemannes. Signora Brolio ist Richterin in Ascoli Piceno und hat gute Kontakte auf allen Ebenen der Justiz und der Polizei. Wo sie die Signorina Uccello gefunden hat, kann keiner sagen, viele munkeln aber, direkt in der Hölle. Signorina Uccello muss man sich so vorstellen: Man öffnet eine Haustüre und stellt die Signorina hinein. Somit ist die Haustüre in ihrer gesamten Höhe und Breite ausgefüllt. Ihre Hände erinnern an zwei Schraubstöcke, ihr Kopf sitzt halslos zwischen den Schultern. Ihre Haare sind mit etwa zwei Kilo Spray anzementiert, und die Brillengläser von der Stärke her absolut kugelsicher. Ihre Füße stecken in Schuhen der Größe dreiundvierzig. Wenn sie schlecht gelaunt ist, also fast täglich, ist sie die meistgefürchtete Frau in der Questura. Das hat der Kaffeeautomat auf dem Flur, dem sie schon dreimal mit einem kurzen, gnadenlosen Aufwärtshaken einen elektronischen Blackout verpasst hat, ebenso zu spüren bekommen wie der Parkwächter des Hauses, den sie einmal auf der Damentoilette antraf. Damals wurde die Herrentoilette gerade renoviert, was der arme Mann der Signorina jedoch nicht mehr mitteilen konnte, weil sie ihn mit einem kurzen ansatzlosen Tritt in seine Weichteile in einen bewegungslosen, sprachfreien Zustand versetzte. Was dann anschließend in ihrem Büro passierte, weiß keiner. Der neue Parkwächter wurde noch nicht in Signorina Uccellos Nähe gesehen.

Moretti und Peroni haben ihren *caffè* getrunken, verabschieden sich von Signor Baldo persönlich und mit einem »*Ciao Signori*« von den anderen.

Draußen haben die wohl einzigen drei Kinder des Ortes das Polizeiauto von Moretti und Peroni als Spielplatz ausgemacht. Die drei Jungs im Alter zwischen acht und zehn Jahre laufen um den Streifenwagen um die Wette, und der Erste haut jedes Mal mit einem Stock im Vorbeilaufen auf den Außenspiegel.

»He, ihr Banditen, hört auf, sonst brech ich euch die Finger!«

»Aber Mario, das sind Kinder.«

Peroni hält den Kleinsten des Trios am Arm fest und fragt wie ein netter Polizist fragen sollte: »Na Kleiner, wer bist du denn? Möchtest du später auch mal Polizist werden?«

Der kleine Junge schaut Peroni von oben nach unten an.

»Sehe ich dann auch so aus wie du?« und schüttelt den Kopf.

»*Nooo*, ich werde wie mein Zio Nando aus Neapel, der arbeitet bei der Camorra. Der hat richtig Kohle, hat mein Papa gesagt, und jetzt lass mich los.«

Der Junge verpasst Peroni einen kräftigen Schlag ans Schienbein und reißt sich von ihm los. Peroni hat jetzt auch die Nase voll, läuft dem Kleinen nach und verpasst ihm einen Tritt in den Hintern.

»Das sag ich meinem Papa, du Penner!«, ruft der Kleine und verschwindet schnell um die Ecke, die beiden anderen strecken ihnen noch die Zunge aus und zischen ab.

Kopfschüttelnd steigt Moretti auf der Fahrerseite ein, was Peroni sehr recht ist. Moretti denkt schon an die Questura; er weiß, dass der Questore so um vier Uhr in der Kantine gerne einen *caffè* nimmt, um nicht an Signorina Uccello vorbeizumüssen. Sie sind also wieder in Zeitnot, und Moretti verlangt dem alten Punto alles ab. Etwa drei Kilometer vor Teramo parken vor einer scharfen Rechtskurve zwei Fahrzeuge der Polizia Municipale mit Blaulicht. Die dazugehörigen Beamten stehen daneben.

»Schau sie dir an, Enzo, diese *stronzi*. So wollen die einen flüchtigen Mörder aufhalten!«.

Ohne vom Gas zu gehen, rast Moretti auf die Kontrollstelle zu. Je näher sie kommen, desto höher springen die Polizisten und bedeuten Moretti, dass er stehen bleiben soll.

»Nein, aber wirklich nicht, jetzt nicht. Geht mir aus dem Weg, ihr *sbirri!*«

Moretti rückt seine Sonnenbrille zurecht und schießt an ihnen vorbei, volle Kanne in die Rechtskurve. Es geht alles ganz schnell, die beiden sehen gerade noch, wie etwas Uniformiertes ein längliches Eisenteil mit vielen langen spitzen Stacheln von der Fahrbahn ziehen will, aber sie sind schneller. Ein lautes Knallen und Krachen. Nicht mehr lenkbar gräbt sich der Punto ins Unterholz.

»Ich bringe sie um. Alle. Diese *imbecilli!*«

Moretti kurbelt sein Fenster herunter und schaut nach hinten. Das kleine uniformierte, verschreckte Etwas entpuppt sich als Simona. Die hübscheste Polizistin der Region und eine Verehrerin von Moretti.

»Ciao, Mario, hast du gesehen? Es hätte funktioniert. Das war meine Idee.«

»Toll, Simona, aus dir wird noch was!«

Simona lächelt ihm zu, und Moretti kann ihr schon nicht mehr böse sein.

Die Kollegen von der Polizia Municipale sind gut ausgerüstet und haben für den Fall, dass sie den flüchtigen Mörder geschnappt hätten, einen Abschleppwagen mitgenommen, mit dem sie dann den Pickup abtransportieren hätten können. Auf dem steht nun der Punto von Moretti und Peroni, und so kommen sie am späten Nachmittag endlich in der Questura an. Wortlos geht Moretti direkt in die Kantine. Er schaut nach rechts und links.

»Pech gehabt, Mario, er ist gerade wieder in sein Büro.«

»Ah, ciao, Anna, macht nichts, passt genau zu dem heutigen Tag!«

Anna, die gutaussehende Wirtin der Polizeikantine, haucht Moretti Küsschen zu und schaut ihm mitleidig nach. Vorsichtshalber nimmt Moretti seine Sonnenbrille ab und steckt sie in den Blumentopf vor der Zimmertür von Signorina Uccello. Er klopft an und tritt sofort ein. Signorina Uccello ist nicht zu sehen. Erleichtert lässt er lässig die Türe hinter sich zufallen. Da spürt Moretti einen stechenden Schmerz in der Schulter. Im Reflex greift er an die rechte Gürtelseite, wo sich normalerweise seine Dienstwaffe befinden sollte. Die liegt aber wie immer zu Hause im Safe.

»*Buona sera*, Commissario, passen Sie immer auf. Nicht dass Sie einmal leichtsinnigerweise in einen Hinterhalt gelangen.«

Signorina Uccello gibt Moretti noch einen leichten Schlag in den Rücken, der sich aber anfühlt, als wären gerade zwei Wirbel gebrochen.

»*Grazie*, Signorina, ich werde es mir merken, versprochen. Ist der Questore da?«

»Ja, Kleiner, gehen Sie rein, er erwartet Sie.«

Ohne sich noch einmal umzudrehen, verschwindet er fluchtartig.

»Commissario Moretti, wie schön Sie zu sehen. Sind Sie zu Fuß über den Gran Sasso, oder hat Sie Signorina Uccello erwischt?«

Der Questore sieht sich den Commissario von oben nach unten an und grinst.

»Nein, Letzteres glaube ich nicht, da würden Sie anders aussehen. Moretti, wie weit sind Sie mit den Ermittlungen in Ihrem ersten Mordfall?«

»Wir sind dabei. Die Spuren sind gesichert, die Fahndung nach dem Pickup läuft.«

»Mario, ich darf doch Mario sagen?«

Moretti nickt höflich.

»Wissen Sie, ich habe Sie doch auf persönliche Empfehlung des

Innenministers zu mir geholt. Ich denke, ein Mann wie Sie, der vier Mal als Jahrgangsbester und mit der höchsten Auszeichnung die Polizeischule abschließt, ist doch auch ein Mann mit Zukunft in unserer Questura. Ich sage es Ihnen ganz ehrlich unter vier Augen: Bringen sie den Fall so schnell wie möglich zu einem positiven Ende, und dann habe ich für Sie eine neue Herausforderung. Für mich allein ist die ganze Arbeit hier einfach zu viel.«

Arbeit ... zu viel? Moretti geht gerade mal schnell im Geiste den Tagesablauf seines Questores durch und kann eigentlich dabei so gut wie keine Arbeit erkennen.

»Moretti, hören Sie mir überhaupt zu? Ich will Ihnen anbieten, dass Sie bei uns den offenen Posten des Vice Questore übernehmen sollen, um mich zu entlasten. Natürlich werde ich Sie persönlich unterstützen, Sie bekommen jede erdenkliche Hilfe und natürlich auch eine gute Sekretärin, ebenfalls von mir persönlich ausgesucht.«

Alarm! In Morettis Gehirn schießen tausend Gedanken durcheinander. Dieser Dünnbrettbohrer will mir doch tatsächlich das Monster aus seinem Vorzimmer ans Bein nageln! Moretti steht der kalte Schweiß auf der Stirn, sein Magen zieht sich auf Erbsengröße zusammen.

»Danke, Questore, aber ich glaube, dass ich erst einmal die Arbeit draußen richtig lernen sollte, um mich dann später, viel später für einen so verantwortungsvollen Posten zu qualifizieren.«

»Ach Blödsinn, was reden Sie da für dummes Zeug! Lassen Sie das ruhig meine Sorge sein. Denken sie außerdem auch an Sergente Peroni, er ist für eine Beförderung zum Ispettore vorgesehen, wenn er uns noch ein gutes Ergebnis liefert. Aber einen Ispettore und einen Commissario werden die in Rom uns sicher nicht genehmigen, darum müssen Sie aufsteigen, oder besser gesagt *dürfen Sie* zu meinem Vize aufsteigen!«.

Bei dem Wort Vize holt Brolio mit beiden Armen zu einem großen Kreis aus, als wollte er ein Orchester dirigieren.

Moretti fühlt sich vom Questore in eine Ecke gedrängt und denkt, dass es besser ist, jetzt nichts mehr dazu zu sagen und sich in einer ruhigen Minute Gedanken zu machen, wie er aus der Geschichte wieder herauskommt.

Durch das offene Fenster im Büro dringt ein krachendes und

schleifendes Geräusch nach oben, und die beiden gehen zum Fenster. Unten im Hof ziehen zwei Mechaniker und Peroni den Punto vom Abschleppwagen. Brolio sieht sich zuerst den Punto und dann Moretti an.

»Muss ich mir da Sorgen machen, Moretti?«

»Die Kollegen von der ...« Moretti will »Polizia Municipale« sagen, denkt dann aber, dass er doch selber die meiste Schuld an dem Fiasko hat.

»Einfach blöd gelaufen, aber wir bekommen das schon hin.«

»Aber sicher doch, Moretti«.

In diese mütterliche, fast gesungene Antwort von Brolio kommt ein unbarmherziges Kreischen aus der Telefonanlage am Schreibtisch.

»Questore, Dottor Ravelli ist am Telefon, er sagt, es sei dringend!«

»Danke, Signorina, stellen Sie durch. Wie? Ja natürlich, stellen Sie bitte durch. Danke, Signorina Uccello.«

Brolio geht ans Telefon, kommt aber gar nicht dazu, *pronto* zu sagen, weil Dottor Ravelli schon hysterisch schreit. An der düster werdenden Miene von Brolio erkennt Moretti, dass es keine guten Nachrichten sind. Dottor Ravelli ist ein Jagdfreund von Brolio.

»*Grazie*, ja, ich sag dir, jetzt ist Krieg!«

Er knallt den Telefonhörer auf die Gabel.

»Sie waren wieder da, diese Wilderer. Aber jetzt ist Schluss, endgültig. Diese Verbrecher, jetzt zerlegen sie sogar das Wild schon im Wald, vor dem Abtransport, als könnte ihnen niemand was anhaben!«.

Brolio dreht sich zu Moretti, der hat sich aber schon aus dem Büro davon geschlichen, und so kann ihm der Questore nicht mehr mitteilen, dass Dottor Ravelli im Wald ein roter Pickup entgegen gekommen ist.

Moretti hat Glück, die Signorina Uccello ist nicht an ihrem Schreibtisch. Schnell dreht sich Moretti nach allen Richtungen um, damit er nicht wieder in einen Hinterhalt gerät. Sein Rücken schmerzt ihn noch immer von vorhin. Er holt seine Sonnenbrille aus dem Blumentopf und läuft pfeifend den Flur hinab.

Im Gemeinschaftsbüro angekommen, fragt er nach den Sachen, die bei Roberto Trulli gefunden wurden. Er nimmt sich die Wohnungsschlüssel heraus und geht zu Peroni in den Hof.

»Komm, Enzo, wir schauen uns mal in der Wohnung des Toten um.«

Im Gehen ruft er dem Mechaniker noch zu, wann denn das Auto wieder fahrbereit sei. Der Mechaniker verzieht fürchterlich sein Gesicht. Moretti winkt nur ab und geht mit Peroni auf die Straße in Richtung *centro*. Auf dem Weg zur Wohnung von Trulli kommen sie an der »Bar Italia« vorbei und nehmen rasch einen *caffè* im Stehen und eine dieser köstlichen selbstgemachten Teilchen. Keiner redet ein Wort, sie genießen den *caffè*. Peroni sieht sich nach den Gästen um und wundert sich, dass er niemanden kennt, Moretti blättert, ohne etwas Bestimmtes zu suchen, im *Centro*.

»Komm, Enzo, gehen wir.«

Moretti will bezahlen, aber der Besitzer hinter der Theke schickt die beiden mit einem

»Ciao« weiter. Kurz darauf kommen sie in der Wohnung an. Sie ist typisch italienisch eingerichtet und sehr gepflegt. Moretti und Peroni schauen kurz in alle Zimmer, schließen zwei geöffnete Fenster und verlassen die Wohnung. Peroni schließt die Tür ab und Moretti fragt ihn so beiläufig wie möglich: »Du, Enzo, wie lange bist du eigentlich schon Sergente?«

»Wieso willst du das wissen?«

»Ach, nur so.«

Beide gehen wortlos die Treppe hinab, da ertönt die Nationalhymne und beschallt das Treppenhaus.

»*Pronto, sì,* er ist hier.«

Peroni gibt sein Telefon an Moretti weiter.

»Ah, ciao, Stefano, was hast du für mich?«

»Ich wollte dich nur noch mal an morgen Abend erinnern.«.

»Ja, ich weiß schon noch, Pizza bei Don Franchino. Aber was gibt es im Fall Trulli?«

»Morgen. Am Vormittag kann ich dir einen genauen Bericht geben.«

»In Ordnung, du meldest dich dann. Ciao.«

»Enzo, was denkst du, fahren wir morgen noch mal in die Berge? Ich suche mein Handy, und anschließend fahren wir noch mal zum Lago Campotosto.«»Campotosto find ich gut, aber in die Berge?«

»Wir können ja morgen auch direkt zu der Stelle fahren, wo ich mein Handy verloren habe, wir müssen ja nicht laufen.«

Peroni schaut Moretti fragend an.

»Fahren, mit was?«

»Du hast doch deinen Scooter noch, oder?«

»Schon, aber ...«

»*A pranzo* fahren wir dann zu Lisa, ich lade dich zum Mittagessen ein!«

» Mario, um neun bei dir.«

Peroni strahlt bis über beide Ohren.

»Ich geh jetzt nach Hause in die Badewanne, und dann ist Schluss für heute. Also, bis Morgen. Ciao, Enzo.«

»Ciao, Mario.«

Pünktlich um neun Uhr am nächsten Morgen steht Peroni vor dem Haus von Moretti. Der biegt gerade in dem Moment um die Ecke.

»*Buon giorno*, Commissario, wo kommst du denn her?«

»Ich war in der Bar, hast du einen Helm für mich?«

»Klar, Mario.«

Peroni holt einen alten Militärhelm aus seinem Topcase und wirft ihn Moretti zu.

Die vierzig Kilometer von Teramo nach Cesacastina sind für jeden Motorradfan ein wahrer Genuss. Eine Kurve nach der anderen und fast kein Verkehr. Nach einer guten halben Stunde kommen die beiden am Parkplatz außerhalb von Cesacastina an.

Von hier aus geht es eigentlich nur noch zu Fuß weiter, aber Peroni fährt über die Strada Bianca Richtung Cento Fonti, und nach weiteren zehn Minuten sind sie an der Stelle, wo sie sich gestern auf die Lauer gelegt haben.

»Enzo, ruf mal meine Nummer an.«

Und schon klingelt es hinter dem Holzstoß, auf dem der Commissario gestern saß.

»Super, Mario, dann können wir ja gleich weiter.«

»Jetzt warte mal, schau mal da drüben! Das sieht so aus, als wär da vor kurzem noch jemand anderes gewesen!«

Ungefähr zwanzig Meter weiter bergauf liegen am Wegrand unzählige blutige Küchenrollentücher und Reste von Eingeweiden. Im lehmigen Boden kann man auch deutlich Reifenabdrücke eines größeren Fahrzeugs erkennen.

»Ich glaube, das hat mit dem Anruf gestern Nachmittag zu tun.

Der Freund von Brolio, Dottor Ravelli, hat ihn im Büro angerufen, und es hat sich so angehört, als hätten die Wilderer wieder zugeschlagen.«

»Na klar, weißt du noch, als wir gestern los sind zum Campotosto, der Schuss, und du hast gesagt …«

»Ja, ich weiß, scheißegal, aber wir hatten ja wirklich was anderes zu tun.«

»Was soll's Mario, komm, fahren wir zu Lisa, ich hab Hunger.«

Peroni holt ein kleines telefonähnliches Gerät aus seiner Jackentasche und tippt langsam, Taste für Taste suchend, darauf herum.

»Enzo, was ist das?«

»Ein Navi, zum Wandern, echt super. Habe ich letzte Woche gekauft und auch schon in Teramo ausprobiert. Von Cesacastina nach Umito, warte kurz, das sind, äääh, sechsundneunzig Kilometer. Da müssen wir aber jetzt los fahren, sonst bekommen wir nichts mehr zu essen!«

Ohne sich noch länger mit den Hinterlassenschaften der Wilderer zu beschäftigen, dreht Peroni seinen Scooter um und winkt Moretti, der sich noch immer umsieht, zu sich her, um endlich losfahren zu können.

»Eigentlich wollte ich aber noch mal zum Campotosto fahren.«

»Du hast es mir aber versprochen Mario! Mittagessen bei Lisa.«

Moretti klopft Peroni auf den Helm, und Peroni fetzt los in Richtung Umito.

Umito ist eine kleine Ortschaft in einem Seitental, ungefähr dreißig Kilometer von Ascoli Piceno entfernt. Das Gebiet liegt nicht mehr im Hoheitsgebiet der Beamten, und Umito gehört zur Provinz Ascoli Piceno. Aber in Umito hat Mario Moretti eine sehr gute Freundin. Sie ist alleinstehend und betreibt dort eine Trattoria. Sie ist seit Jahren von ihrem Mann getrennt, nur ihr Sohn Sandro hilft ihr bei der Arbeit, was aber nicht oft vorkommt, da er in Ascoli wohnt und studiert. Lisa und ihre Trattoria sind bekannt für ihre ausgezeichnete Küche; besonders der Wildbraten, *arrosto di selvaggina,* und im Herbst die vielfältigen Gerichte mit Esskastanien sind sehr beliebt.

Nach gut zwei Stunden kommen sie in Umito an.

»Enzo, das mit deinem Scooter war doch eine gute Idee von mir, oder? Ich habe die Fahrt echt genossen.«

»Find ich auch, Mario, eine sehr gute Idee.«

Dabei schielt Peroni schon in Richtung Trattoria.

»Enzo, schau mal da auf dem Parkplatz, kennst du das Auto?«

»*Porca miseria,* unser Questore. Was machen wir jetzt? Wir sind hier nicht in unserem Revier.«

»Macht nichts, Enzo, er ja auch nicht. Komm, wir gehen rein.«

Die beiden nähern sich dem Eingang, Peroni schleicht etwas unmutig hinter Moretti her.

»*Buon giorno a tutti!*«

Moretti marschiert schnellen Schrittes in die Trattoria und lässt dem Questore nicht die geringste Chance, etwas zu sagen.

»So ein Zufall Questore, Sie hier! Ich glaube, nein, wir *wissen,* die Wilderer sind hier in der Gegend. Sergente Peroni und meine Wenigkeit sind ihnen auf der Spur.«

»Sehr lobenswert, Moretti, aber sie wissen doch hoffentlich auch, dass Umito nicht mehr in unseren Zuständigkeitsbereich fällt. Sie müssen den Kollegen hier Bescheid geben.«

»Machen wir, sofort nach dem Essen.«

Moretti schaut freundlich lächelnd auf die außerordentlich hübsche Begleitung von Brolio.

»*Buon giorno,* Signora, ich glaube, wir kennen uns.«

»Ja, sicher, Commissario, ich bin Dottoressa Cortese. Wir hatten bei Ihrer Prüfung das Vergnügen.«

Brolio findet es gar nicht gut, dass Moretti sich seiner Begleitung so annimmt.

»Commissario, lassen Sie sich nicht stören, *buon appetito,* wir sehen uns. Ach, nein, Moretti wenn Sie schon hier sind: Heute Morgen war eine unmögliche Person bei mir im Büro. Sie redete fürchterlich auf mich ein, wie weit wir denn schon in den Ermittlungen in dem Mordfall seien und so weiter. Ich hab ihr gesagt, wir tun alles Mögliche, was in unseren Kräften steht. Aber sie hat lauter dummes Zeug gesprochen, von wegen, er war zwar schon alt und hat keiner Maus mehr was getan. Aber umbringen musste man ihn doch auch nicht. Und dabei hat sie mich so blöd angeschaut. Moretti. Ich habe ihr versprochen, dass Sie bei ihr vorbeischauen und mit ihr reden.«

»Natürlich, Questore, wo finde ich die Signora?«

Brolio sucht in seinen Taschen und zieht einen Zettel heraus.

»Sie wohnt in Teramo. Via Tribunale, ihr Name ist …«

Brolio hat anscheinend den Namen nicht gut lesbar geschrieben.

»Irgendwoher kenne ich diese Person, ich weiß bloß nicht woher. Ja, genau, Signora Capuzzi ist ihr Name.«

Capuzzi, dreibeinige Katze. Moretti, der sich das Lachen nur schwer verkneifen kann, schaut Brolio grinsend an, nickt kurz.

»Wir kümmern uns um die Signora. Ich wünsche Ihnen noch einen schönen Tag. Signora, vielleicht sehen wir uns ja mal wieder.«

»Manchmal weiß ich nicht genau was in seinem Hirn vorgeht, aber er ist ein guter Polizist«, murmelt Brolio, schüttelt kurz den Kopf und widmet sich lieber wieder seiner charmanten Begleitung.

Moretti geht an Peroni, der sich schon einen Platz außer Sichtweite des Questores gesucht hat, vorbei in die Küche. Lisa Zinga steht am Ofen und bemerkt nicht, dass Moretti von hinten an sie heran tritt und ihr die Augen zuhält.

»*Amore,* ich hab's gefühlt, dass du kommst.«

Lisa dreht sich um, nimmt Moretti in die Arme.

»Schön, dich zu sehen Lisa, wie geht's dir?«

»Na, du weißt ja Mario, viel Arbeit, wenig Zeit.«

»Wo ist Sandro?«

»In Ascoli, oder mit seinen Freunden unterwegs.«

»Entschuldige, aber hast du was Gutes zu Essen für mich und mein Hausschwein da draußen?«

»Mario, wie redest du von deinem netten Kollegen!«

»Ja, nett ist er schon, war ja nur Spaß.«

»Ich habe heute einen *timballo,* einen Auflauf, gemacht, was meinst du?«

»Ausgezeichnet Lisa, danke.«

Moretti gibt ihr ein kleines Küsschen und will gehen.

»Mario, nimm dir den Brotkorb mit und schenkt euch den Wein selber ein! Und bring bitte zu den beiden Herrschaften eine Flasche Montepulciano. Aber einen guten, der Signore will den offenen nicht«.

»Kommt der Signore öfter?«

»Ja, warum fragst du?«

»Er ist unser Questore, aber mach dir keine Sorgen, ich bring ihm den Wein. Welcher ist der Teuerste?«

»Der von Illuminati, aber warte doch, du kannst doch nicht …«

Moretti ist schon draußen an der Theke, nimmt eine Flasche von dem guten Rotwein und marschiert zu Brolio an den Tisch.

»Questore, erlauben Sie mir, dass ich Ihnen diesen ausgezeichneten Wein serviere?«

Brolio weiß momentan gar nicht, was er sagen soll, seine Begleiterin springt aber sofort ein.

»Gerne, diese Trattoria wird mir immer sympathischer!«.

Moretti öffnet die Flasche und will ihnen den Wein einschenken, da nimmt Brolio ihm die Flasche aus der Hand und deutet ihm unmissverständlich an, dass er verschwinden soll.

»Ich sag's doch, aus dem werde ich nicht schlau.«

»Ich finde ihn sehr höflich und nett«, erwidert Laura Cortese ihrem eifersüchtigen Gegenüber.

Inzwischen ist Maria Cara, die Bedienung der Trattoria, gekommen und übernimmt sofort fleißig den Service. Maria ist die Freundin von Sandro Zinga und verdient sich, so oft sie kann, ein paar Euro bei Lisa.

»Ciao, Mario, ciao, Enzo.«

Ihr freundliches, sympathisches Lächeln steckt unwiderstehlich an, und die beiden Beamten nehmen mit einem ebenso freundlichen Lächeln den *timballo* in Empfang. Peroni schnappt sich sofort sein Besteck und sinkt in die Welt des Genießens.

»Wie geht's dir, Maria, was macht die Schule?«

»Ach Mario, bis ich mal da bin, wo du jetzt schon bist, ich glaube, das schaffe ich nie!«.

Maria möchte nach ihrem Jurastudium zur Polizei gehen.

»Das schaffst du doch sicher«, ermutigt Moretti die Kleine.

»Schaust du mal bitte zu Lisa in die Küche, ob ihr ein bisschen frischen Peperoncino habt?«

»Klar, Mario.«

Einen Augenblick später bringt sie aus der Küche die Antipasti zu Brolios Tisch. Auf dem Rückweg legt sie ein paar frisch gepflückte Peperoncini auf den Tisch von Peroni und Moretti.

»Passt auf, Lisa hat gesagt, die sind sehr pikant.«

Inzwischen sind noch einige Gemeindearbeiter, ein Lastwagenfahrer und eine kleine Wandergruppe in die Trattoria gekommen. Die Gäste und der Fernseher sorgen für eine laute, aber doch angenehme Akustik.

»Mario, was meinst du, ist noch eine kleine Nachspeise in deiner Einladung genehmigt?«

»Wenn du mich wieder sicher nach Hause bringst, gerne.«

»Ich schau mal zu Lisa in die Küche.«

Peroni legt seine Serviette ab und versucht auf dem Weg in die Küche, sein Hemd einigermaßen in Ordnung zu bringen. Moretti lehnt sich zufrieden zurück und schaut nebenbei gedankenverloren zum Fernseher. Zwei Gäste, die gerade die Trattoria verlassen, um eine Zigarette zu rauchen begegnen zeitgleich zwei jungen Typen, die mit zwei großen Plastikbehältern in die Trattoria kommen. Einer der Gäste hält die Türe auf, damit sie die großen unhandlichen Behälter hereintragen können. Es ist Sandro, der Sohn von Lisa, und ein Freund. Die beiden Behälter sind gut gefüllt mit Fleisch. Wildfleisch.

»Ciao, Mario!«, ruft Sandro und verschwindet in die Küche.

Nach kurzer Zeit kommt Peroni aus der Küche und geht salutierend an Moretti vorbei in Richtung Toilette.

»Maria, bringst du uns bitte zwei *caffè*, wir müssen weiter!«.

»Gerne, Mario, und die Nachspeise für Enzo.«

Sandro und sein Freund kommen aus der Küche und marschieren sofort wieder Richtung Ausgang.

»Sandro, was ist los? ›Komm her, wie geht's dir?«

»Entschuldige Mario, wir haben keine Zeit. Wir müssen in die Uni, ciao.«

Und schon sind beide wieder nach draußen verschwunden.

Maria bringt den Kaffee und selbstgebackene Cantucci für Peroni, da springt die Tür zur Toilette mit einem lauten Schlag auf. Peroni steht in der Türe, seine Hosen liegen am Boden, seine rote Ferrariunterhose sticht allen Gästen ins Auge. Allerdings hat der Ferrari anscheinend ein Leck im Tank, denn seine Unterhose hat einen nassen Fleck am Bug.

»Mario, komm schnell her.«

»Enzo!!!« ruft lachend Moretti

»Nichts, *Enzo!* Sofort!!!«

Moretti steht auf und schließt unter dem Gelächter der Gäste rasch die Türe zur Toilette hinter sich.

»Guido, und das sind die beiden Polizisten, die vor ihrer Beförderung stehen?« Signora Cortese schaut Brolio lächelnd in die Augen.

»Sag mal Enzo, was hat dich denn geritten?«

»Komm, Mario, schau, ich stand hier beim Pinkeln!«

Peroni zeigt Moretti, wie er beim Pinkeln aus dem Fenster schaute. »Sandro und sein Freund sind gerade davongefahren.«

»Ja, und?«

»In einem rotem Pickup!!!«

»*Porca miseria,* das kann nicht sein, nein, so eine Scheiße!« Moretti schlägt mit voller Wucht auf das Waschbecken. »Das glaube ich nicht!«

»Mario, ich habe es mit eigenen Augen gesehen. Was machen wir jetzt? »Wir müssen den Kollegen in Ascoli Bescheid geben.«

»Sei still, Enzo, lass mich überlegen!«

Moretti rennt wie wild in der Toilette auf und ab. »Los komm! Wir müssen sie kriegen!«.

Moretti geht schnell ins Lokal zurück, nimmt fünfzig Euro aus seiner Hosentasche und legt sie auf die Theke. Peroni, nun auch wieder anständig gekleidet, läuft ohne Worte vor die Trattoria und macht sich fahrfertig.

»Signori,« Moretti schaut zu Brolio an den Tisch. »Wir müssen. Maria, sag bitte Lisa, dass ich sie später anrufe!«

Moretti läuft auf Peroni zu, setzt seinen Stahlhelm auf, und ab geht es Richtung Ascoli. In Morettis Gehirn herrscht großes Tohuwabohu. Er denkt an Lisa, an Sandro, und dass er es jetzt sein soll, der den Jungen ins Gefängnis bringt. Seine Miene verfinstert sich mehr und mehr. Aber nicht nur seine Miene, sondern auch der Himmel wird tiefschwarz. Schon fallen die ersten Regentropfen, und nach zwei, drei Kurven schüttet es in Strömen. Die dreißig Kilometer nach Ascoli fühlen sich wie eine Ewigkeit an. In Ascoli angekommen dirigiert Moretti Peroni in die Gegend, wo er die Wohnung von Sandro vermutet. Sie fahren kreuz und quer, finden aber keinen Sandro und keinen roten Pickup. Total durchnässt bleiben die beiden an der Piazza del Popolo stehen, steigen vom Roller ab und flüchten sich unter die Arkaden.

»Ich kann es nicht glauben, Enzo!«

Moretti zieht seine Jacke aus und schmeißt sie wütend auf den Roller. In dem Moment rollt langsam ein Alfa vorbei, und auf der Fahrerseite wird die Scheibe heruntergelassen. »*Buon giorno,* Kollegen, seid ihr auf Betriebsausflug?«

Bruno Carelli, ein Polizeibeamter aus Ascoli, lächelt die beiden an, sein Beifahrer Carlo Rotto salutiert eher uninteressiert.

Moretti dreht sich zu Peroni. »Die beiden Knallschoten haben mir gerade noch gefehlt. Sag du was, oder ich dreh durch und zieh die beiden Affen aus ihrem Alfa!«

»Ciao, Kollegen! Nein, wir sind privat hier. Es ist unser freier Tag.«

»Das möchte ich euch auch geraten haben, dienstlich habt ihr hier nichts verloren.«

Peroni packt Moretti beim Arm, weil er merkt dass Moretti gleich ausflippt.

»Komm Mario, gehen wir zu Meletti, wärmen wir uns bei einem guten Kaffee auf.«

Ohne die beiden Männer im Alfa eines weiteren Blickes zu würdigen, gehen sie über den Platz in die Bar, setzen sich und reden kein Wort. Peroni bestellt zwei *caffè con anice.* Peroni kramt sein Handy und seinen Geldbeutel aus der Hosentasche, beides ebenfalls tropfnass.

»Na, wenigstens funktioniert es noch«, sagt er nach einer kurzen Überprüfung des Handys. »Was ist mit deinen Sachen, Mario?«

Moretti holt lustlos seine Sachen heraus und schmeißt sie auf den Tisch.

»Mario, schau auf dein Display, Stefano hat dich angerufen!«.

Moretti erschrickt und greift sofort zum Handy. Er ruft bei Stefano an. Es klingelt ein paar Mal.

»*Pronto?* Mario, na endlich, ich versuch es schon eine Stunde bei dir!«

»Was gibt's, Stefano?«

»Na ja, Mario, aus deinem ersten Mordfall wird wohl nichts. Signor Trulli starb an einem Herzinfarkt. Er war schon tot, als er das Messer ins Herz bekam.«

»Aber, Stefano, wer tötet einen Toten?«

»Ich habe den Bericht von der Spurensicherung vor mir liegen. Pietro Ranieri, der in seiner Freizeit auch angelt, schreibt hier, dass Signor Trulli anscheinend gerade damit beschäftigt war, sich eine Angel herzurichten. Er hatte noch die Angelschnur zwischen den Fingern und einen Haken in der anderen Hand. Er erlitt den Infarkt, fiel dann nach einer Weile tot vom Stuhl und hat sich das Messer selbst in den Körper gerammt.«

»Stefano, ich würde dich küssen wenn du jetzt hier wärst, aber ich erzähl dir heute Abend bei Don Franchino alles. Aber du, noch eine

Bitte: Sag erst mal nichts, zu niemanden, und bring mir den Bericht der Spurensicherung mit.«»Soll ich dich abholen, so um halb acht?«»Danke, gerne. Ciao, bis später.« Moretti atmet sichtlich erleichtert auf und erzählt Peroni von der guten Nachricht.

»Komm, Enzo, jetzt lassen wir uns was Süßes und ein Gläschen Vin Santo bringen.«.

»Genau, das haben wir uns heute wirklich verdient!«

Der Ober bringt kurze Zeit später ihre Dolci und den Vin Santo. Wie zwei Vögel, die sich nach einem Bad die Federn in der Sonne trocknen lassen, sitzen die beiden mit ausgestreckten Beinen und Armen da und genießen den Vin Santo.

»Aber ein Problem haben wir immer noch!«

»Ich weiß, Enzo, darum habe ich auch Stefano gebeten, dass er noch keinen Bericht an Brolio weiterleiten soll. Ich möchte die Angelegenheit mit Sandro und dem Pickup möglichst ohne großes Tamtam zu Ende bringen. Wir fahren zurück, und am Abend, bei Don Franchino, suchen wir nach einer Lösung. Du kommst doch mit?«

»Tut mir leid, aber meine Frau hat Freunde eingeladen, sie macht ihre *chitarra abruzzese*. Wenn es aber unbedingt sein muss …«

»Nein, Enzo, morgen früh telefonieren wir, sag aber zu niemandem etwas!«.

»Ist doch klar,, aber wenn ich dir noch einen Tipp geben darf: Ruf Lisa an und rede Klartext mit ihr. Nur mit ihrer Hilfe kommen wir an das Auto ran.«

»Grazie, Enzo, an das habe ich auch schon gedacht. Wenn ich zu Hause bin, ruf ich sie an. Komm, lass uns fahren.«

»Si, andiamo.«

Moretti geht zur Theke, bezahlt, und dann fahren die beiden bei wunderschönem Sonnenschein zurück nach Teramo. Moretti lässt sich von Peroni an der Questura absetzen.

»Ciao, bis Morgen.«

Moretti drückt Peroni seinen Helm in die Hand und eilt Richtung Questura. Er läuft sofort in die Kantine und freut sich, als er den Questore dort sitzen sieht.

»Aah, unser sympathischer Ober aus Umito«, strahlt Brolio den Commissario an, der gar nicht versteht, wie er so viel Freundlichkeit verdient hat.

»Mario, schauen Sie mal kurz her zu mir.«

Brolio steht extra auf und zieht einen Stuhl ganz nah zu sich her.

»Setzen Sie sich.«

Moretti gehen die komischsten Gedanken durch den Kopf, was der Questore wohl wieder von ihm will.

»Mario, ich habe gerade einen Mitarbeiter von der Spurensicherung getroffen.«

So ein Mist, denkt sich Moretti, jetzt ist der Fall gelöst, und er kann sich nicht um Sandro und den Pickup kümmern.

»Hören Sie Mario, was ich ihnen jetzt sage, muss unbedingt unter uns bleiben, es ist sozusagen höhere, kriminalistische Politik, wenn Sie verstehen, was ich meine.«

Moretti nickt mit übertriebener Selbstverständlichkeit, auch wenn er nicht den blassesten Schimmer hat, was Brolio meint.

»Meine Frau, sie wissen ja, ist Richterin in Ascoli. Sie hat es dort mit einer Schar unangenehmer Staatsanwälte zu tun, die ihr das Leben schwer machen. Wenn sie oft tage- und nächtelang über irgendwelchen Akten sitzt und Urteile verfassen muss, darf sie sich nicht den kleinsten Fehler leisten, da sie sonst von den Staatsanwälten buchstäblich zerfetzt wird.«

Moretti hört dem Questore aufmerksam zu, ohne jedoch zu ahnen, was das mit ihm zu tun haben könnte.

»Meine Frau war früher oft bei Signor Trulli in seinem Schuhgeschäft. Als er das Geschäft an seinen Sohn übergab und in den Ruhestand ging, haben sie sich zufällig in der Bar getroffen. Signor Trulli hat meiner Frau erzählt, dass er sich oft schon sehr früh am Tag in den Bergen und an den Seen um Teramo und Ascoli aufhält. Meine Frau hat ihm dann angeboten, ob er Lust hätte für sie einen kleinen Kurierdienst von Ascoli nach Teramo zu machen. Es seien keine großen Dinge zu transportieren, nur ein paar Akten. Genauer gesagt, Mario, geht es um Akten aus laufenden Verfahren, die meine Frau einem sehr geschätzten Freund zum Durchlesen gibt. Er ist Staatsanwalt in Teramo, aber mehr braucht Sie ja nicht zu interessieren. Offiziell kann sie die Akten nicht außer Haus geben, Sie verstehen …?«.

Moretti nickt erneut verständnisvoll. Er ahnt schon, was jetzt kommen wird: Sicher befinden sich noch ein paar Akten in dem Pickup, und es wäre äußerst unangenehm wenn diese in falsche Hände gelangen würden.

»Mario, passen Sie auf. Wir beide tun jetzt einfach so, als hätten wir noch keinen Bericht von der Spurensicherung erhalten. Dann haben Sie noch ein paar Tage Zeit, um die Sache in Ordnung zu bringen.«

Moretti schaut den Questore sorgenvoll an und stimmt ihm dann – natürlich innerlich mit großer Freude – zu.

»Aber dann müssen wir vielleicht auch in Ascoli ermitteln, und das …«

»Egal, Mario, völlig egal. Wenn es Schwierigkeiten geben sollte, stehe ich natürlich voll hinter Ihnen.«

Moretti kann sich zwar nicht vorstellen, wie das aussehen soll, aber er hat zumindest einen Freibrief von Brolio, dass er sich in Ascoli aufhalten kann.

»Ich werde mich gleich morgen früh um die Sache kümmern, Questore!«

»Danke, Moretti, ich weiß doch, was ich an ihnen habe. Es wird sich auch sicher positiv auf ihre Beförderung auswirken.«.

»Nicht nötig,, Questore, ist doch selbstverständlich!«

Brolio zieht aus seinem Aktenkoffer ein DIN-A4-Kuvert heraus und legt es Moretti vor. Er deutet auf das Kuvert und schaut auf seine Uhr. Auf einmal hat er es sehr eilig.

»Mario, werfen Sie bitte noch kurz einen Blick auf die Unterlagen. Es geht um die Besetzung der neuen Planstelle und einige Angaben zu den bevorstehenden Beförderungen. Sie wissen ja, es geht um Sie und Peroni. Ich habe die Unterlagen schon unterschrieben, geben sie das Kuvert dann bei Signorina Uccello ab. Und melden sie sich bei Staatsanwalt Calda, er will wissen, wie weit Sie im Fall Trulli sind. Erzählen sie ihm halt was!«.

»Was denn?«

»Na, irgendwas, egal.«

Den letzten Satz ruft der Questore noch im Hinausgehen in Richtung Moretti, dann ist er auf dem Hof verschwunden. Moretti zieht die Unterlagen aus dem Kuvert und sieht sich ein Blatt nach dem anderen an. Es geht um neue Möbel für das Büro von Brolio – nur vom Feinsten natürlich –, um bevorstehende Besetzungen der freien Planstellen und um die Beförderungen. Aus dem Schreiben aus Rom geht hervor, dass der Posten des Vice Questore nur in Verbindung mit der Besetzung einer Planstelle A3, also der Stelle eines Sergente, genehmigt wird. Wird die Beförderung eines Sergente zum Ispettore befürwortet, muss die Planstelle A3 neu besetzt werden, ohne Bewilligung auf die Besetzung eines Vice Questore. Das ist natürlich nicht schlecht, denkt sich Moretti und beginnt sofort mit dem Ausfüllen der Fragebögen. Er befürwortet, im Namen Brolios, die Beförderung von Sergente Peroni zum Ispettore und die Besetzung A3 eines neuen Sergente. Die ausbleibende Besetzung der Planstelle A2, Vice Questore, bedauert er zwar außerordentlich, sieht aber eine Berücksichtigung in zwei oder drei Jahren für ausreichend. In einem weiteren Schreiben wird auf die Gründe zur Beförderung hingewiesen, und dass diese innerhalb der nächsten zwei Wochen dem Beförderungsausschuss vorliegen müssten. Bei diesem Satz fährt sich Moretti mit beiden Händen durch die Haare und beginnt nach Gründen für die Beförderung von Enzo Peroni zum Ispettore zu suchen.

»Ciao, *amore*, schön dich zu sehen.«

Anna, die Wirtin der Polizeikantine, kommt mit einem großen Stück selbstgemachter Panna Cotta, einer Flasche Rotwein und zwei Gläsern an Morettis Tisch.

»Anna, mein Engel, du bist immer der schönste Anblick hier in diesem Bunker. Komm setz dich.«

Anna setzt sich jedoch nicht auf den Stuhl, den Moretti ihr angeboten hat, sondern kurzerhand auf seinen Schoß. Das ist Moretti nicht unangenehm, und die beiden spielen wie zwei kleine Kinder mit dem Essen. Erst fährt Anna mit einen Löffel voller Panna Cotta quer durch Morettis Gesicht, der lässt sich das natürlich nicht gefallen, streicht mit einem Finger durch den karamellisierten Zucker und beginnt mit der Kriegsbemalung in Annas Gesicht. Ohne darauf zu achten, wie sie aussehen, stoßen sie mit den Rotweingläsern an.

»Salute, *principessa*.«

»Salute, *amore*.«

Moretti stellt sich schon vor, wie er gleich den Zucker aus Annas Gesicht entfernen wird, da springt die Türe zur Kantine auf, und der SuperGAU nimmt seinen Lauf. Signorina Uccello sieht die beiden Turteltauben und gibt Moretti ein unmissverständliches Zeichen mit der rechten Hand.

»He, Gigolo, mitkommen, ich hab was für Sie!«

Und dann kommen noch drei Worte, die sich wie ein Messerstich in Morettis Herz anfühlen:

»… in mein Büro.«

Anna ist in ihrer Küche verschwunden, Moretti wischt sich die Panna Cotta aus dem Gesicht und beginnt die Unterlagen in das Kuvert zu stecken. Er klebt es vorsichtshalber noch schnell zu. Er schenkt sich sein Glas voll Rotwein ein, schaut gen Himmel und sagt halblaut:»O Herr, das ist mein Blut, ich trink es aber besser selber, damit ich den Weg zur Hölle schaffe.«

Er trinkt das Glas in einem Zug aus, stellt es auf den Tisch, nimmt das Kuvert und geht wie ein geprügelter Hund in Richtung Signorina Uccello. Er zögert einen Moment, klopft dann aber doch am Vorzimmer des Questores an.

»*Avanti!*«, bekommt er sofort zu hören. Moretti tritt ein, nickt zum Gruß.

»*Buona sera,* Signorina, ich soll ihnen dieses Kuvert von Questore Brolio geben.«

»Es ist ja schon verschlossen«, erwidert Signorina Uccello, nimmt das Kuvert und wirft es in den Korb für den Postausgang. Moretti geht davon aus, dass sich das Problem damit gelöst hat und wartet auf das Anliegen der Signorina. Die nimmt einen Notizzettel und fuchtelt damit in Richtung Moretti herum.

»Commissario, das ist die dritte Aufforderung, die ich eigentlich auf Ihren Schreibtisch legen sollte, aber ich glaube, wir erledigen das jetzt gleich zusammen.«

»Ja, gerne Signorina, wenn sie mich wissen lassen, um was es geht.«

»Um den Besuch Ihrer alljährlichen Schießübung zum Erhalt Ihres Waffenscheins. Oder möchten Sie in Zukunft mit einer Steinschleuder Verbrecher zur Strecke bringen? Ich habe in Ihrem Interesse für den vierzehnten um acht Uhr einen Termin für Sie und Ihre Kollegen Peroni und Rizzo ausgemacht. In San Benedetto del Tronto, bei unseren Kollegen in den Marken. «

»Sehr freundlich, Signorina.«

Diese Hexe, den Termin um acht Uhr morgens, das ist doch Absicht! Moretti lässt sich aber nichts anmerken.»Ich werde Peroni und Rizzo Bescheid geben. Haben Sie sonst noch etwas für mich, oder kann ich mich wieder an die Arbeit machen?«.

»Arbeit nennen Sie das, was Sie da in der Kantine veranstalten?«

Moretti salutiert kurz und verschwindet aus ihrem Büro. Er hatte sich eigentlich Schlimmeres erwartet, auch wenn die Schießübung nicht gerade zu seinen Lieblingsbeschäftigungen zählt. Er freut sich aber auf ein Wiedersehen mit dem Kollegen Renzo Rizzo und marschiert pfeifend zur Kantine zurück. Er geht direkt in die Küche und findet dort Anna beim Aufräumen der Kochtöpfe.

»Oh, du lebst noch!«, begrüßt Anna ihn lächelnd. Der nimmt sie in den Arm und drückt sie ganz fest an sich.

»Das hätte dich wohl gefreut, wenn mich das Monster verschlungen hätte. Aber dann hätte ich dich heute Abend nicht mit zu Don Franchino nehmen können.«

»Woher willst du wissen, dass ich überhaupt will, du Gigolo!«

»Weil du zwar auf mich, aber nicht auf eine Pizza von Don Franchino verzichten kannst. Wir holen dich um kurz nach halb acht ab.«

»Wer ist wir?«, will Anna wissen.

»Stefano holt mich um halb acht ab.«

»Kommt deine Ex auch mit?«

Moretti zieht die Augenbrauen hoch, »Ich hoffe doch nicht!«

Die Ex von Moretti ist die derzeitige Freundin von Stefano Zanetti. Lucia Brandelli war einige Jahre die Lebensgefährtin von Moretti. Sie wollte Moretti heiraten, als er aber nicht darauf einging, fand sie Trost bei Stefano Zanetti. Der hat jetzt das gleiche Problem, was Moretti ihm aber schon vorausgesagt hat.

»In Ordnung, du hast mich überredet. Ich bin um halb acht bereit. Aber jetzt verschwinde, ich muss den Saustall hier noch aufräumen.«

Moretti gibt ihr noch ein Bussi auf die Wange und geht. Auf dem Flur ruft er den Kollegen Rizzo an und verabredet sich am vierzehnten um sieben Uhr morgens in der Questura mit ihm. Wie meistens kommt er auch diesmal auf dem Weg nach Hause nicht an der »Bar Italia« vorbei. Er nimmt sich den *Centro* von der Theke, bestellt sich einen *caffè* und sucht sich einen Platz aus, an dem er in Ruhe lesen, aber auch das Treiben in der Bar beobachten kann. So dauert es nicht lange, und die ersten bekannten Gesichter betreten die Bar. Da ist die Signora Santori, von der Polizia Municipale, die fleißig nach Falschparkern sucht, hier einige Herren in ihren gepflegten Armani-Anzügen, Anwälte und Banker die sich immer am späten Nachmittag hier treffen. Eine ältere Dame betritt das Cafè. Moretti sieht sich die Signora an und denkt sich, wer wohl eher auf der Welt war –

die Bar oder sie. Ein Ober springt sofort auf die Signora zu und bringt sie zu einem Tisch neben dem Commissario.

»*Prego,* Signora Capuzzi, ein Gläschen Prosecco und ein *dolce?*«

»Gerne.«

Moretti muss schmunzeln. Das ist also die Signora Capuzzi. Er überlegt, ob er sie auf ihre Katze ansprechen soll, lässt es aber dann doch bleiben. Er liest im *Centro* die Regionalnachrichten, unter anderem, dass es im Mordfall Campotosto zwar noch keine neuen Anhaltspunkte gebe, aber laut Questore Brolio sei eine Sonderermittlungsgruppe dem Mörder auf der Spur. Nach einer guten halben Stunde bittet die Signora Capuzzi um die Rechnung. Der Ober freut sich, als er fünf Euro Trinkgeld in Empfang nimmt. Er bringt die alte Dame zum Ausgang und salutiert ihr noch gefühlte einhundert Mal bis auf die Piazza nach. Als er zum Tisch der Signora zurückkommt und das Geschirr abräumt, sieht er zu Moretti hin und erklärt ihm:

»Eine sehr nette Signora, die Baronin.«

»Baronin? Das ist doch die Signora Capuzzi«, erwidert Moretti.

»Ja, schon, Capuzzi ist ihr Mädchenname, aber sie ist die Witwe unseres langjährigen Bürgermeisters Emilio Conti. Sie ist schon seit ungefähr fünfundzwanzig Jahren Witwe und lebt allein und zurückgezogen in ihrer Villa in der Via Tribunale, ist aber noch sehr fit im Kopf und hält sogar Vorträge an der Universität. Sie tut auch sehr viel für die Stadt, finanziell meine ich, so mit Kunst und so, aber alles aus dem Hintergrund.«

»Ach ja, Bürgermeister Emilio Conti, das ist mir ein Begriff.«

Moretti legt die Zeitung zur Seite, gibt dem Ober ein kleines Trinkgeld, der sich aber auch darüber sehr freut, und macht sich auf den Weg nach Hause. Auf dem Weg dorthin ruft er im Justizgebäude an und verlangt nach Staatsanwalt Calda.

»Ich muss erst nachfragen ob Dottor Calda mit Ihnen sprechen will«, bekommt Moretti zur Antwort.

»Signorina, Calda ist doch Staatsanwalt, oder? Nicht der liebe Gott!«.

»Wie bitte?«

»Verbinden sie mich, aber zügig!«.

Die Angestellten im Justizgebäude sind bekannt für ihre grenzenlose Überheblichkeit. Es dauert gute zwei Minuten, bis sich der Staatsanwalt meldet.

»*Pronto*, Dottor Calda, was gibt's?«

»Calda, pass auf, hier spricht Commissario Moretti, ich hab nur noch fünfzig Cent auf meiner Telefonkarte. Also, ich mach es kurz. Im Fall Trulli sind wir kurz vor der Aufklärung. Den Bericht bekommen Sie morgen.«

»Moretti, was bilden Sie sich ein!«

»Tuuuuuuuuuuuuuuuuuut«, aufgelegt. Moretti schaltet sein Handy aus und geht ins Haus. Er lässt sich ein schönes heißes Bad einlaufen. Eine knappe halbe Stunde hat er Zeit, bis Stefano ihn abholt.

Pünktlich steht Moretti vor dem Haus und wartet auf Stefano. Als der um die Ecke biegt, erkennt Moretti, dass sich noch eine weitere Person im Auto befindet. Also doch, das kann nur seine Ex Lucia Brandelli sein. Lucia arbeitet als freie Journalistin für einige Tageszeitungen und fand es natürlich praktisch, dass sie die Polizeinachrichten immer ganz frisch von Moretti bekam, als die beiden noch zusammen waren. Aber auch ihr neuer Freund Stefano sitzt ja an der Quelle und verschafft ihr hin und wieder eine brandheiße Story.

»Ciao, Lucia, ciao, Stefano, schön euch zu sehen.«

Wobei das sich eigentlich nur auf Stefano bezieht, denkt Moretti. Er hätte sich gerne gleich mit Stefano über die aktuelle Sache unterhalten, aber mit Lucia im Auto vermeidet er das natürlich.

»Wir müssen noch bei Anna vorbei, sie kommt auch mit.«

»O toll, das ist ja eine Überraschung«, freut sich Lucia. Sie kennt Anna auch sehr gut, da sie ihre Zeitungstexte meistens gleich von der Polizeikantine aus an die Redaktionen schickt, und so haben sie sich dort kennen gelernt. Lucia weiß auch, dass sich Anna von ihrer Küche aus in den Polizeicomputer einloggen kann und nutzt ab und zu ein paar Infos, die Anna ihr besorgt. Moretti weiß davon und ist natürlich nicht besonders begeistert. Nach gut fünf Minuten sammeln sie Anna auf und fahren nach Castellvomano zu Don Franchino.

Der betreibt dort eine außergewöhnliche Pizzeria. Pizza Salami oder Margherita sucht man vergebens. Es sind Pizzen mit Brennnesseln, Safran, Nüssen, Formaggio di Fossa oder mit köstlichem Lardo di Colonnata und Zucchini, die den Besuchern eine ganz andere Pizzawelt aufzeigen. Auch die Pizza Dolce, mit geschmolzener brauner und weißer Schokolade, Kakao und Zimt ist ein wahrer Genuss. Don Franchino studierte einst Theologie und wollte in den Kirchendienst eintreten, hat aber, dem Herrn sei Dank, doch lieber die Pizza-bäckerlaufbahn eingeschlagen.

Nach einer Viertelstunde erreichen die vier die Pizzeria. Stefano hat zum Glück einen Tisch reserviert, ein Ober bringt sie an ihren Platz. Nach kurzer Beratung wählen sie einen *giro*, das heißt, vier Pizzen, alle mit verschiedenen Auflagen, werden nacheinander serviert. Sie sind vom Meister selbst zubereitet. So können die vier jede Pizza heiß und frisch zusammen mit einem Glas Montepulciano genießen. Das Tischgespräch beschränkt sich auf unbedeutende Dinge, was Lucia natürlich anders erwartet hatte, aber Moretti will ihr nichts von der Arbeit erzählen. Anna erbarmt sich, und bevor die Pizza Dolce kommt, nimmt sie Lucia an die Hand und macht ihr den Vorschlag, dass sie die Wartezeit mit einer Zigarette draußen überbrücken könnten. Lucia stimmt sofort zu, und die beiden begeben sich mit einer Zigarette in der Hand ins Freie.

»Na endlich, ich dachte schon, das wird heute nichts mit unserem Gespräch«, sagt Moretti drinnen in der Pizzeria.

»Also, Mario, ganz schnell und kurz. Roberto Trulli starb an einem Herzinfarkt und hat sich das Messer beim Sturz vom Stuhl, allerdings erst nach etwa zwei Stunden, selbst ins Herz gerammt. Es war definitiv keine Fremdeinwirkung. Aber, sag mal, warum hast du dich so darüber gefreut, und warum soll ich den Bericht zurückhalten und für wie lange?«.

»Du kennst doch Lisa und Sandro, ihren Sohn?«

»Ja, klar, warum fragst du?«

Moretti schaut in Richtung Ausgang und sieht, dass die beiden Damen sich intensiv unterhalten.

»*Allora*, Stefano, ich weiß, dass Sandro das Auto von Trulli gestohlen hat und damit zum Wildern geht. Ich war natürlich froh, als ich von dir hörte, dass Trulli eines natürlichen Todes gestorben ist. So bleibt nur der Diebstahl und die Wilderei.«

Moretti legt die Betonung auf das Wort »nur«.

»Oh, und das in Brolios Revier! Ich habe schon Einiges gehört von der Wilderei. Aber dass Sandro niemanden umbringt, ist doch klar.«

»Genau. Ich brauch noch ein oder zwei Tage, um ihn zu erwischen. Aber ich sag dir noch was: Der Questore hat auch ein Interesse daran, dass ich das Auto finde!«.

»Versteh ich nicht.«

»Im Auto sind Akten von seiner Frau. Von laufenden Verfahren, in denen sie Urteile sprechen muss!«»Versteh ich auch nicht, wie kommen so wichtige Akten in das Auto von Trulli?«

»Trulli hat für die Richterin die Akten von Ascoli nach Teramo gebracht, zur Aufbesserung seiner Rente. In Teramo hat er die Akten einem Freund der Brolios gebracht. Einem Staatsanwalt, der hat sich die Sachen durchgelesen und der Richterin seine Empfehlungen gegeben.«

»Das ist natürlich eine ausgesprochen blöde Situation. Sollen wir mit Lucia darüber reden?«, scherzt Zanetti.

»Bist du blöd? Dann kannst du es gleich selber in die Zeitung setzen!«

»*Vai piano, Mario, era uno scherzo.*«

»Super Scherz, aber jetzt Ruhe, die beiden kommen zurück.«

Lucia und Anna nehmen wieder Platz. Lucia schaut Moretti an.

»Na, was ist jetzt los? Hat es euch die Sprache verschlagen?«

»Nein, Lucia, aber wir haben über ganz geheime Dinge gesprochen.«

Moretti gestikuliert grinsend zu Lucia, hebt sein Weinglas und trinkt einen kräftigen Schluck.

»Ich muss mal kurz telefonieren.«

Er verlässt den Tisch und wählt im Hinausgehen Lisas Handynummer.

»*Pronto!*« Moretti hört im Hintergrund Lärm von vielen Gästen.

»Ciao, Lisa, ich will dich nicht aufhalten. Kommt Sandro heute noch zu dir?«

»Mario, frag mich was Leichteres, aber schnell, es ist ziemlich viel los.«

»Gibt's wieder köstliches Wildfleisch?«

»Was soll der Blödsinn, Mario? Komm vorbei und hilf mir lieber.«

»Lisa, ich mach es kurz. Du weißt es, und ich weiß es. Sandro geht wildern, ich muss mit ihm sprechen!«

Wenn Moretti nicht im Hintergrund den Lärm in der Trattoria hören würde, könnte er meinen, dass Lisa aufgelegt hat. Die aber ist momentan sprachlos, und es dauert einige Sekunden, bis sie antwortet.

»Du, hör zu. Sandro kommt morgen so circa um elf.«

»Ich werde da sein, sag ihm aber nichts. Scusa, dass ich dich so überfahren habe, aber es ist nicht zu spaßen. Autodiebstahl und Wilderei!«

»Autodiebstahl? Was redest du da, Mario?«

»Lisa, wir bringen das morgen in Ordnung, aber ich muss mich auf dich verlassen können. Geh wieder an deine Arbeit, wir sehen uns morgen, ciao!«

Moretti legt auf und schreibt Peroni noch schnell eine SMS, dass er morgen früh um halb neun in der »Bar Italia« sein soll. Zivil und mit festem Schuhwerk. Stefano und die beiden Damen haben in der Zwischenzeit die Pizza Dolce fast ganz aufgegessen, was Moretti aber nichts ausmacht. Er greift sich an den Bauch, gibt den anderen damit zu verstehen, dass er eigentlich schon satt ist.

»Esst gerne alles auf, ich kann nicht mehr.«

Das lassen sich die drei nicht zweimal sagen, das letzte Stück wird in drei kleine Teile geschnitten und fertig.

Moretti mahnt zum Aufbruch. »Es tut mir leid, Freunde, aber ich habe morgen schon sehr früh zu tun. Würde es euch was ausmachen ...?«

»Nein, ist schon klar«, kommt ihm Lucia gleich entgegen.« Was hast du denn morgen so Wichtiges vor, in aller Früh?« Sie lächelt Moretti mitleidsvoll an.

»Lucia, du wirst es erfahren, sobald ich es dir sagen kann.«

Moretti steht auf und geht zur Kasse, Zanetti begleitet ihn. Sie teilen sich die Rechnung und folgen den Damen, die sich vor dem Eingang noch schnell eine Zigarette angesteckt haben. Moretti geht an ihnen vorbei und überlegt sich, wie er es morgen früh am besten anstellen soll, damit alles klappt. Er wartet am Auto, bis die anderen kommen. Die Rückfahrt verbringen Lucia und Anna mit einem angeregten Gespräch über Fingernägel und deren Bearbeitungsmöglichkeiten. Moretti und Zanetti tun so, als würden sie zuhören, genießen es aber, nichts sagen zu müssen. Als Erstes steigt Anna aus und verabschiedet sich mit einem allgemeinen »Ciao«. Sie weiß, dass sie heute Moretti am besten in Ruhe lässt. An Morettis Haus angekommen, steigt er auch sofort aus, bedankt sich bei Zanetti für die Fahrt und bei Lucia für ihre Begleitung.

»Stefano, ich melde mich dann bei dir. Ciao, kommt gut heim!«.

Moretti geht direkt nach Hause. Er schenkt sich ein Glas Amaro Lucano ein und setzt sich noch kurz an seinen Esstisch. Immer in

Gedanken an Morgen. Anschließend geht er ins Bad und dann direkt ins Bett.

Peroni sitzt wie ausgemacht um halb neun in der Bar und wartet auf Moretti. Am Nachbartisch sieht er ein bekanntes Gesicht. Sergio Baldo, begleitet von einer älteren Dame. Moretti betritt, auch er ausgestattet mit Jeans, Wanderjacke und festen Schuhen, die Bar. Er sieht als Erstes Sergio Baldo und begrüßt ihn, dann geht er zu Peroni.

»*Buon giorno,* Enzo.«

»*Buon giorno,* Mario, hast du gesehen? Signor Baldo sieht schlecht aus. Der Tod seines Freundes hat ihn doch sehr mitgenommen.«

»Anscheinend, ja. Was meinst du, sollen wir es ihm sagen, dass er eines natürlichen Todes gestorben ist?«.

Peroni nickt und steht auf. Moretti holt sich einen *caffè* an der Theke, dann gehen beide zum Tisch von Baldo.

»*Buon giorno,* Signor Baldo, ich bin Sergente Peroni. Wir haben in der Trattoria Barilotto miteinander gesprochen.«

Trotz seines eher traurigen Blickes antwortet Signor Baldo mit einem freundlichen Schmunzeln.

»Na ja, gesprochen habe ich mit Ihrem Kollegen. Sie waren ja mehr mit der *Amatriciana* beschäftigt. Darf ich ihnen meine Schwester vorstellen?«.

»*Buon giorno,* Signora.«

Die Signora lächelt die beiden Polizisten an und nickt zum Gruß.

»Sie kann sie nicht hören, Commissario, sie ist taub, seit dem Erdbeben. Sie lebt jetzt hier in einem Seniorenheim, ich bin für ein paar Tage zu Besuch.«

»Tut mir leid, Signor Baldo, dürfen wir uns kurz setzen?«

»Bitte, nehmen Sie Platz.«

Moretti nimmt einen kleinen Schluck von seinem Kaffee und beginnt: »Es macht Signor Trulli zwar nicht mehr lebendig, aber ich kann ihnen sagen, dass Ihr Freund friedlich eingeschlafen ist. Er wurde nicht ermordet.«

»Ja, aber das Messer …?«

»Hat er sich selbst in den Körper gestoßen. Da war er aber schon tot. Beim Sturz vom Stuhl ist es passiert, er hat es aber nicht mehr gespürt, wie gesagt, da war er schon tot. Er starb an einem Herzinfarkt.«

Signor Baldo schmunzelt wieder ein wenig und sagt mit einer Portion Galgenhumor:»So ein Schlawiner, bis zum Schluss macht er es spannend. Aber ich habe ihm vor zwei Wochen schon gesagt, das es Unglück bringt!«

»Was bringt Unglück, Signor Baldo?«

Auch Peroni greift sich an die Stirn und wiederholt:»Wieso Unglück?«.

Baldo holt mit beiden Armen aus, atmet einmal ganz tief durch und erzählt, dass er vor zwei Wochen hier bei Trulli gewesen sei. Zusammen seien sie mit seinem neuen Pickup in Richtung »Bar Italia« gefahren.»Und da war sie!«

»War wer?«, fragt Moretti gespannt nach.

»Na, diese dreibeinige Katze, sie schlich gerade über die Straße.«

Moretti denkt sich: So ein Glück, dass die Signora Capuzzi nicht hier ist …

»Ich hab ihm gesagt, dass er sie nicht plattmachen soll, das bringt Unglück, und hab ihm ins Lenkrad gegriffen und es nach rechts gerissen!«

»Ja und?«, will jetzt Peroni wissen.

»Das blöde Vieh hatte die gleiche Idee, sie lief nach rechts, und schon war es passiert!«.

»So, Enzo, jetzt wäre wenigstens dein Fall geklärt.«

Signor Baldo versteht zwar diese Aussage von Moretti nicht, legt aber noch nach:»Roberto hat gesagt, dass nicht wenige in der Straße ihr dieses Schicksal gewünscht haben.«

»Warum?«

»Weil sie immer auf den Autos herumkletterte, und da sie ja nur drei Beine hatte, rutschte sie gerne rückwärts über die Kühlerhauben hinunter und verkratzte sie dabei.«

»Signor Baldo, ich wünsche Ihnen und Ihrer Schwester alles Gute. Komm, Enzo, wir sind schon spät dran, es ist noch ein schönes Stück nach Umito.«

Peroni verabschiedet sich von den beiden. Moretti bezahlt schnell und folgt Peroni auf die Piazza nach.

»Enzo, wo stehst du?«

»Na, hier, bist du blind?«

»Ich meine, wo steht das Auto?«

»Welches Auto?«

»Nein, das ist jetzt nicht dein Ernst! Du bist zu Fuß hier?«

Peroni zieht die Schulter hoch und bejaht. Moretti flucht quer über die ganze Piazza und läuft in Richtung Questura, die ungefähr fünf Gehminuten entfernt ist. Peroni versucht ihn einzuholen, kann aber den Abstand bis in die Questura nicht verringern. In der Questura angekommen, läuft Moretti zum Parkwächter, der alle Schlüssel der Fahrzeuge hat, die noch zur Verfügung stehen.

»*Scusi,* wir kennen uns noch nicht. Ich bin Commissario Moretti, wir brauchen einen Wagen.« Der Parkwächter schüttelt den Kopf.

»Außer dem Wagen von Questore Brolio ist nichts da. Aber den können sie nehmen, der Questore wurde heute Morgen hier abgeholt, ich denke, von seiner Frau. Ich habe gehört, wie er gesagt hat, dass er erst morgen wieder kommt.«

»Wie sah den seine Frau aus?«, fragt Moretti neugierig.

»Gut, etwas zu jung für ihn, finde ich. Groß, blond, sehr hübsch.«

»Ja, ja, genau, das war sie.«

Moretti weiß natürlich genau, dass die Blondine sicher nicht seine Frau war.

»In Ordnung, dann geben sie uns den Schlüssel.«

»Sie geben doch acht darauf?«, vergewissert sich der Parkwächter.

»Es eilt, guter Mann!«, herrscht Peroni ihn an. Eine Minute später schießen die beiden aus dem Hof der Questura hinaus.

In unguter Vorahnung schaut ihnen der Parkwächter nach. Ein Mechaniker, der gerade aus der Werkstatt kommt und die beiden Polizisten ebenfalls hinausfahren sieht, ruft zum Parkwächter hinüber: «Keine gute Idee gewesen Meister! Schau mal rein zu uns, wir reparieren gerade den letzten Totalschaden der beiden.«

»*Porca miseria,* und das in meiner Probezeit!«, brummelt der Parkwächter und verschwindet in seinem Büro.

Peroni fährt, sehr sportlich, in Richtung Umito. Moretti durchsucht neugierig das Handschuhfach der Limousine. Es liegen zahlreiche Parfümflaschen der teuersten Marken und Visitenkarten von noblen Hotels und guten Ristoranti herum.

»Ach, Enzo, bevor ich es vergesse, die liebe Signorina Uccello hat für uns am vierzehnten um acht Uhr morgens in San Benedetto einen Termin für das Pflichtschießmanöver ausgemacht. Rizzo ist auch mit dabei. Wir treffen uns um sieben Uhr in der Questura.«

»Oh, super, ich freu mich auf den Kollegen Rizzo, den habe ich ja schon eine Ewigkeit nicht mehr gesehen. Der hat auch bestimmt ein Dienstauto, der kann uns mitnehmen.«

»Gute Idee.«

Peroni genießt die Fahrt in der großen Limousine, den linken Arm lässig aus dem Fenster hängend, Radio Italia auf fast voller Lautstärke. Moretti hat sein Mobiltelefon in der Hand und schreibt Lisa eine SMS, in der er sie bittet, Sandro solange aufzuhalten, bis sie da sind. Kurze Zeit später kommt die Antwort von Lisa.

»Ciao, Mario, tut mir leid, konnte Sandro nicht länger aufhalten. Komm bitte.«

Moretti flucht ordentlich und stellt das Radio leise.

»Sandro ist schon weg.«

»Aber bestimmt nicht weit. Mario. Wir kriegen ihn, du wirst schon sehen!«

Als sie an der Trattoria ankommen, steht Lisa im Hof.

»Mario, sie sind in den Wald gefahren. Ihr Wagen steht ziemlich weit weg, an den Wasserfällen.«

»Der Pickup?«

»Was für ein Pickup? Nein, du kennst doch seinen Panda.«

»Okay. Was haben sie vor?«.

»Das Wild von gestern Abend zu Jonathan bringen. Sie haben es in einer der Hütten im Kastanienwald versteckt. Ich weiß aber nicht, in welcher.«

»Wer ist Jonathan?«

»Der Freund von Sandro, seine Eltern haben eine Trattoria in Norcia.«

»Kommen sie hier wieder vorbei?«, will Peroni wissen.

»Vielleicht, vielleicht aber auch nicht. Mit seinem Panda könnten sie auch über die Berge fahren.«

»Lass uns fahren, Enzo!«.

Peroni wendet das Auto und fährt in Richtung Wald. Für die große Limousine wird der Zustand der Straße aber zunehmend zum Problem. Tiefe Schlaglöcher, hervorstehende Steine, außerdem ist sie sehr schmal. Sie kommen nur langsam vorwärts, Peroni schaut zum Seitenfenster hinaus, damit sie Löcher und Steine umfahren. Gute zehn Minuten sind sie in Richtung Wasserfälle unterwegs, da entdeckt Moretti den Panda neben dem Weg, teilweise vom Gebüsch verdeckt.

»Los, Enzo, fahr etwas zurück und park hinter den Kastanienbäumen.«

In ihrem Versteck angekommen, stellt Peroni den Motor ab.

»Wenn sie kommen, fährst du auf den Weg, ich schnapp sie mir dann!«.

»Wenn du meinst. Ich hoffe, dass es klappt.«

Die ersten zwanzig Minuten ist es still im Auto, dann kommt Moretti mit einer ersten vorsichtigen Frage.

»Du, Enzo, stell dir mal vor, du müsstest dich für eine Beförderung empfehlen. Was würdest du da sagen?«

»Wie, was meinst du?«

Eigentlich wollte Moretti ihn vorsichtig durch die Blume fragen, aber das bringt offenbar nichts.

»Na, was qualifiziert dich für eine Beförderung?«

Peroni überlegt. Er schaukelt sanft mit dem Kopf hin und her, zieht die Unterlippe nach unten, hat dann aber prompt eine Antwort parat: »Jede Menge, Ich hab zum Beispiel noch nie verschlafen!«

Moretti schaut Peroni mit großen Augen an.

»Ehrlich, Mario, hab ich nicht. Und bei der Weihnachtsfeier mach ich immer …«

»Ich weiß, den Weihnachtsmann, super, Enzo.«

Moretti steigt aus und schaut zum Panda hoch. Er überlegt gerade, ob er einmal einen Blick darauf werfen soll, da ruft Peroni aus dem Auto.

»… und der Bankräuber, letztes Jahr!«

»… der dir in die Arme gelaufen ist. Enzo, der war vierundachtzig, fast blind und unbewaffnet!« Das wird wohl nicht so einfach mit den Beförderungsgründen für Peroni, denkt Moretti.

»Hat dich denn unser Questore noch nie einfach mal so gelobt?«

Peroni putzt ganz verlegen mit seinen Fingern am Außenspiegel herum, dann fällt ihm noch was ein.

»Klar doch, Mario, letztes Jahr hat mich der Questore in der Kantine vor allen sehr gelobt.«

»Na, siehst du.«

Nach einer kurzen Pause möchte Moretti aber doch den Grund der Belobigung wissen. »Was hat er denn gesagt?«

»Dass ich sein Büro besser und schöner gestrichen habe als jeder gelernter Maler.«

Moretti schlägt sich auf die Stirn. Da klingelt zum Glück sein Handy.

»*Pronto?* Lisa, was ist los.«

»Mario, wo bist du? Sandro und Jonathan sind gerade vorbei gefahren.«

»Das kann nicht sein, ich sehe doch seinen Panda hundert Meter von uns weg stehen.«.

»Mario, das ist dann eben nicht das Auto von Sandro.«

»Ein alter grüner Panda mit den großen fetten Stollenreifen.«

»Blau, Mario, der war immer schon blau!«

»*Porca miseria!* Los, Enzo, schnell los, die beiden sind gerade bei Lisa vorbei gefahren.«

»Aber der Panda!«

»Von wegen. Das ist nicht der Panda von Sandro.«

»*Oddio,* so ein Mist!«

Peroni startet die Limousine und schießt in Richtung Dorf. Die Unebenheiten interessieren ihn jetzt nicht mehr. Das Auto schlägt alle paar Meter unsanft auf den Steinen und den herausstehenden Felsen auf. Moretti tut so, als ob er es gar nicht merken würde.

»Los, gib Gas!«

»Schon, Mario, aber ich weiß nicht, ob das gut geht!«.

Die asphaltierte Straße ist schon in Sichtweite, da ertönt ein schriller Pfeifton, und die rote Ölkontrolllampe leuchtet auf. Geistesgegenwärtig stellt Peroni noch im Fahren den Motor ab, um einen Motorschaden zu vermeiden. Er lässt den Wagen die abschüssige Straße zur Trattoria rollen. Sie ziehen eine Ölspur hinter sich nach. Die Ölwanne hat es offenbar nicht überstanden. Genau vor der Trattoria kommen sie zum Stehen. Lisa läuft auf sie zu.

»Mario, ich konnte sie nicht aufhalten, glaub mir.« Sie bricht in Tränen aus und rennt in die Trattoria zurück.

»Enzo, ruf unseren Mechaniker an, sie sollen den Wagen holen. Frag, ob sie uns ein anderes Fahrzeug mitbringen können.«

Moretti steigt aus und geht zu Lisa. Die sitzt in der Küche und weint. Moretti nimmt sie in den Arm und streichelt ihr übers Haar.

»Ist schon gut Lisa, wir bringen das schon in Ordnung. Pass auf. Ruf Sandro an und gib mir das Handy.«

Lisa wählt die Nummer von Sandro, aber wie es Moretti schon erwartet hat, ist es ausgeschaltet.

»Jetzt brauchen wir erst mal einen Kaffee.«

Moretti, der sich hier bestens auskennt, er hat schließlich seiner Lisa schon oft geholfen, macht an der alten Kaffeemaschine drei Espressi und stellt dazu eine Flasche Wasser auf den Küchentisch.

»Alles erledigt«, teilt Peroni seinem Kollegen mit, als er in die Küche kommt.

»O Lisa, ist das deine selbstgemachte Torte?«

Lisa muss lachen. Es könnte die Welt untergehen, aber Peroni hat immer Hunger.

»Enzo, nimm dir, was du willst.«

»Was ist mit dem Ersatzfahrzeug?«

»Nur über seine Leiche, hat der Parkwächter gesagt. Wie heißt der eigentlich? Der ist doch neu in unserer Questura.«

»*Stronzo* heißt er!«

»Meinst du?«

Moretti ist stinksauer, er schaut auf die Straße hinaus und fragt Lisa, wo ihr Auto ist.

»Tut mir leid, Mario, mein Auto steht in Ascoli in der Werkstatt.«

So bleibt ihnen nichts anderes übrig, als auf den Abschleppwagen zu warten. Moretti vertreibt sich die Zeit draußen. Er schaut auf dem Gelände, ob er irgendetwas finden kann, was ihm weiterhilft, ohne zu wissen, was das sein könnte.

Peroni hat sich inzwischen um die Ventricina, die leckere Salami aus den Abruzzen, gekümmert. Zusammen mit dem frischen Brot, das der Bäcker gerade gebracht hat, macht sie Peroni zum glücklichsten Menschen der Welt. Lisa bereitet den Mittagstisch vor. Sie erwartet viele Gäste, das Wetter ist gut, und an der Straße arbeiten seit einiger Zeit zahlreiche Bauarbeiter, die jeden Mittag zum Essen kommen. Moretti ist wieder auf dem Weg ins Lokal, da sieht er eine Abdeckplane auf der Gartenbank liegen. Er nimmt die Plane hoch, dreht und wendet sie und findet das Abzeichen einer japanischen Automarke. Also doch, sagt er leise. Er legt die Plane zurück und geht hinein.

»Lisa, wann bekommst du wieder eine Lieferung?«

Das Wort »Lieferung« sagt Moretti so, dass Lisa gleich klar ist, was gemeint ist.

»Sie wollen morgen Nacht nach San Giacomo. So viel ich weiß, lassen sie ihr Auto hinter dem Ristorante ›Panorama‹ stehen.«

Moretti nickt. Er kennt sich hier gut aus, und außerdem ist ja Peroni dabei. Der kennt die Umgebung wie seine Westentasche.

»Sag mal, Enzo, ist das nicht auch eine der Gegenden, wo du Trüffel klauen gehst?«

»Mario, ich klaue erstens keine Trüffel, sondern mein Hund findet sie, und zweitens, zweitens …«

In der Aufregung fällt ihm sein zweites Argument nicht ein.

»Aber essen tut sie der Signor Commissario schon!«, fällt ihm dann noch ein.

»Beruhige dich, Kollege. Also, Lisa, versuch du sicher herauszufinden, ob die beiden morgen dort sind. Wir bleiben tagsüber in Kontakt. Ich muss aber unbedingt wissen, mit welchem Fahrzeug sie fahren.«.

»Aber ich kann ihn doch nicht nach dem Pickup fragen. Ich weiß doch von dem Auto gar nichts!«.

»*Scusa*, du hast recht, vielleicht haben wir Glück. Außerdem, wenn wir sie mal haben, kommen wir auch an den Pickup ran!«

Draußen vor der Türe ertönt die laute Hupe eines Lastwagens. Das gelbe Blinklicht ist bis in die Trattoria zu sehen.

»Mario, der Abschleppwagen ist da.«

Draußen sehen sie den Parkwächter, der auch mitgekommen ist, wie einen Verrückten um das Auto herumlaufen. Er flucht, ist den Tränen nah. Ohne die beiden Polizisten zu sehen, kniet er sich vor das Auto und kriecht dann unter das Fahrzeug.

»Sind die blöd! *Stronzi*, ich bring sie um!!!«

Moretti schleicht sich von hinten an ihn ran, bückt sich und zieht ihn grob heraus. Der Parkwächter springt hoch und deutet entrüstet mit seinem Zeigefinger auf Moretti. Der greift sich den Finger blitzschnell und biegt ihn ganz langsam nach hinten. Der Parkwächter geht mit schmerzverzerrtem Gesicht in die Knie. Von oben herab schaut Moretti ihm ins Gesicht.

»Jetzt pass mal auf, du Nachtwächter. Wenn das noch einmal passiert, dass ich auf mein Verlangen hin kein Auto von dir bekomme, bist du erledigt. Merk dir den Namen Uccello. Bei der Signorina musst du dann antreten, und glaub mir, das ist dein Ende!«

Das hat gesessen. Moretti sieht an der Miene des Parkwächters, dass er das Ungeheuer aus Brolios Vorzimmer schon zu Gesicht bekommen hat.

»Sicher, sicher Commissario, es ist nur, ich bin noch in der Probezeit und das Auto vom Signor Questore, Sie verstehen, wenn der wiederkommt …«

»Das erledige ich, und du schreibst dir hinter die Löffel, was ich dir gesagt habe!«

Moretti dreht sich um, lächelt Peroni an und geht noch mal ins Lokal.

»Also, Lisa, wir sind morgen in der Nähe von Ripe, den ganzen Tag. Ruf mich sofort an, wenn du was weißt.«

Moretti drückt Lisa noch einmal ganz fest. Sie ist wieder beruhigt und gibt Moretti noch einen Kuss.

»Ciao Mario, *ti voglio bene.*«

Die anderen sitzen schon im Auto und warten auf Moretti.

»*Andiamo.*«

In der Questura angekommen, schielen die Mechaniker aus den Fenstern der Werkstatt, um zu schauen, wie das Auto vom Questore zugerichtet ist.

» Mario, gehst du rein ins Büro?«

»Nein, ich geh in die Bar und du zu Signora Capuzzi. Erzähl ihr von ihrer Katze!«

»Gute Idee. Wo wohnt sie denn?«

»Ich dachte, du hast ihr die Katze vor das Tor gelegt?«

»Nein, ich habe sie von der Straße gekratzt. Ruggero hat sie nach Hause gebracht.«

»In der Via Tribunale, Nummer weiß ich nicht. Aber sie ist die Witwe des vor einer Ewigkeit verstorbenen Bürgermeisters Conti. Und sie ist eine Baronin, merk dir das!«.

»Ach so. Dann wohnt sie bestimmt in der schönen großen Villa. Aber warum nennt sie sich Capuzzi?«

»Das soll sie dir selber erzählen. Hör zu. Für morgen brauchen wir noch einen fahrbaren Untersatz. Von hier werden wir morgen nichts bekommen. Hast du eigentlich außer deinem Roller noch was anderes?«.

»Unser Auto braucht meine Frau, aber hat dir unsere Rollerfahrt nicht gefallen?«

»Enzo, du hast recht, wir fahren mit deinem Roller. Pass auf, wenn du nichts mehr von mir hörst, treffen wir uns morgen um neun in der Bar. Wir fahren dann nach Ripe, gehen zu den Gole del Salinello.«Peroni unterbricht Moretti.»Dann können wir ja am Wasserfall ein kühles Bad nehmen.«

»Können wir. Und wir sind auch gleich oben in San Giacomo, wenn uns Lisa anruft.«

Inzwischen sind die beiden an der Kreuzung angekommen, wo sich ihre Wege trennen.

»Okay, Mario, dann geh ich jetzt zur Signora Capuzzi und überbringe ihr die Nachricht.«

Peroni und Moretti salutieren kurz voreinander, und jeder geht seiner Wege.

Auf einer schönen Messingtafel mit wunderbaren Verziehrungen steht in geschwungenen Buchstaben geschrieben: Sindaco CONTI, Baronin CONTI.

Peroni hatte recht. Es ist die alte herrschaftliche Villa, in der die Witwe des verstorbenen Bürgermeisters Conti wohnt. Durch das große mächtige Gittertor kann Enzo einen wunderschönen gepflegten Park bewundern. Er klingelt, und nach kurzer Zeit kommt eine dunkelhäutige kleine, in eine adrette Dienstmädchenuniform gekleidete Frau auf ihn zu. In gebrochenem italienisch fragt sie den Besucher nach seinem Namen und den Grund des Besuches. Peroni stellt sich vor, zeigt der Signorina seinen Dienstausweis und bittet darum, die Signora persönlich sprechen zu dürfen. Das Mädchen entschuldigt sich und geht wieder ins Haus. Nach ein paar Minuten öffnet sich das Tor automatisch, und Peroni betritt das Grundstück. An der Haustüre wird er von dem Dienstmädchen in Empfang genommen und ins Haus begleitet. Eine große Empfangshalle ist das Erste, was Peroni bewundern kann, mit vielen Statuen und unzähligen Gemälden an der Wand. Ihm fällt sofort ein circa vier Meter hohes und drei Meter breites Bild auf, das den Eindruck erweckt, als wäre es schon mehrere hundert Jahre alt. Aber das Motiv kommt Peroni bekannt vor. Es zeigt eine Katze, die auf einem Thron sitzt und auf das Volk herabschaut. Allerdings hat sie bloß drei Beine. Das ist doch die Dreckskatze, die Roberto Trulli plattgefahren hat, denkt sich Peroni.

»Ja, das war sie, meine Re Mimmi.«

Die Signora Capuzzi steht hinter Peroni. Sie trägt ein blaues Satinkostüm von Gucci, die Haare perfekt frisiert, gekrönt von einem mit Edelsteinen besetzten Hut. Irgendwie ähnelt sie der britischen Königin. Peroni ist von ihrem Erscheinen und dem Katzenbild so durcheinander, dass er nicht gleich die passenden Worte findet.

»Äh, ciao Durchlaucht, oh, *scusi*, Königin.«

»Sehr freundlich, junger Mann, aber die Königin war sie!«

Die Signora zeigt fast ehrfürchtig auf die Katze und bittet Peroni weiter in ein gemütliches, nicht weniger prunkvolles Teezimmer.

»Was führt Sie zu mir, Commissario?«

»Sergente, liebe Gräfin, nur Sergente Peroni. Ich muss mich erst mal für meine Störung entschuldigen und möchte Ihnen sagen, dass mein Erscheinen mit Ihrer, wie soll ich sagen, Königin oder Katze zu tun hat. Wir haben jetzt nach langen Ermittlungen den Fall geklärt.«

»Mein Gott, Commissario, ich möchte es bitte genau wissen! Erzählen Sie!«

»*Allora*, Gnädigste, wir haben herausgefunden, dass für den Tod Ihrer ääh … dreibeinigen Katze ein Signor Trulli die Verantwortung trägt. Aber unsere Ermittlungen haben auch ergeben, dass es sich nicht um vorsätzlichen Mord aus niederen Beweggründen handelt, sondern um einen tragischen Unfall!«

»Kann ich mit diesem Signore vielleicht auch einmal persönlich parlieren? Es wäre mir sehr wichtig.«

»Das ist leider nicht mehr möglich, Signor Trulli ist vor kurzem verstorben.«

»Konnten sie zu seinen Lebzeiten noch über den schrecklichen Unfall mit ihm sprechen?«

»Nein, aber Sergio Baldo, ein Freund von Signor Trulli war beim Dahinscheiden Ihrer Katze dabei. Gemeinsam haben sie versucht, das tragische Unglück zu verhindern, was aber letztendlich nicht gelang.«

Die Signora starrt für eine Zeit lang wortlos aus dem Fenster, geht dann ein paar Mal auf und ab, setzt sich schließlich ganz nah zu Peroni. Dem wird schon ganz zweierlei, und die ersten Schweißperlen laufen über seine Stirn und weiter über seine roten Backen. Die Signora nimmt seine Hand und spricht wie mit einem kleinen Kind.

»Wissen Sie, Commissario, ich bewundere Sie und habe allergrößten Respekt vor Ihnen, wenn ich sehe, wie nahe auch Ihnen der Tod meiner Mimmi geht. Ich möchte mich ganz herzlich bei Ihnen für Ihre Arbeit bedanken, mir fällt ein großer Stein von Herzen, jetzt kann ich mit meiner Trauer richtig umgehen und damit leben. Sie brauchen nicht zu weinen.«

Peroni schaut immer noch, als wären neben ihm Außerirdische gelandet. Es klopft an der Türe, und die schwarze Perle kommt mit einem Servierwagen in das Teezimmer. Auf dem Wagen türmen sich süße Köstlichkeiten: *Baba, sfogliatelle, cannoli,* unzählige kleine Törtchen, Pralinen, Konfekt und, und, und … Peroni strahlt über das ganze Gesicht. Das Mädchen nimmt eine Tasse Espresso vom Wagen und stellt sie Peroni hin.

»Wollen Sie etwas Anice oder Amaretto in den *caffè,* Signore?«

»*No no, grazie.* «

»Bitte, Commissario, greifen Sie zu.«

Die Signora zeigt auf die Süßigkeiten und lehnt sich zufrieden in ihrem Stuhl zurück. Peroni lässt sich das natürlich nicht zweimal sagen. Er weiß gar nicht, wo er anfangen soll, aber mit der Zeit isst er sich quer durch das Paradies.

Die Signora hat sich inzwischen von ihrem Dienstmädchen das Telefon bringen lassen und ruft der Reihe nach ihre Freunde an, um ihnen die Neuigkeiten zu erzählen. Peroni schaut nur hin und wieder zu ihr, meistens dann, wenn die Signora bei den Erzählungen seinen Namen erwähnt. Nach einer guten halben Stunde ist Peroni ist bis über beide Ohren abgefüllt.

»Ich muss mich fertig machen, für das Theater heute Abend«, entschuldigt sich die Signora. »Aber lassen Sie sich nicht stören.«

Die Signora reicht Peroni die Hand.

»*Buona sera,* Commissario, *ci vediamo.*«

Peroni steht zur Verabschiedung auf, deutet einen Handkuss an und bedankt sich für die Einladung zum Kaffee. »Herzlichen Dank, Signora, es war mir eine Ehre. Ich muss mich aber jetzt zurückziehen. Sie verstehen, die Arbeit geht weiter.«

Bevor er das Teezimmer verlässt, dreht er sich noch einmal zum Gruß um und verlässt dann, begleitet von dem Dienstmädchen, das Haus. Draußen auf der Straße angekommen, verspürt er nach ein paar Schritten ein starkes Verlangen nach einem Digestivo. Eigentlich wolllte er zur »Bar Italia«, aber schon bei der ersten Bar muss er halt machen.

»Ciao, Enzo!«, ruft ihm der Barista entgegen. »*Caffè, dolce?*«»No, *una Grappa.*«

Aus dem einen Grappa werden drei. Die helfen ihm aber nicht so recht, und er schüttet noch einen Ramazzotti, einen Fernet und einen Cynar hinterher.

Moretti hat es sich inzwischen in der »Bar Italia« gemütlich gemacht. Zwei *caffè*, ein Glas *vino bianco*, die *Gazzetta dello Sport* und kurze Plaudereien mit Bekannten, das ist ein entspannter Nachmittag für den Commissario. Gerade als er zahlen will, kommt Peroni in die Bar.

»Enzo, wie siehst du denn aus?« Blass wie eine Mozzarella schleicht der Sergente zu Moretti an den Tisch.

»Mir ist schlecht.«

»Sieht man!« Moretti winkt einen Ober zum Tisch

»Bringen sie uns bitte zwei Grappa.«

Peroni winkt zwar ab, setzt sich aber lieber erst einmal hin.

»Mario, ich habe noch nie soviel Süßes gegessen. Aber das wollte ich dir ja gar nicht sagen. Was anderes wollte ich: Sag, wäre es nicht besser, wenn wir zu Lisa fahren und uns dort Sandro und seinen Komplizen schnappen würden?«

»Hab auch schon dran gedacht und auch mit Lisa telefoniert. Sie hat mir aber gesagt, dass Sandro heute bei einem Freund übernachtet.«

Der Ober stellt die gut gefüllten Grappagläser an den Tisch. Peroni ist doch nicht abgeneigt und nimmt sich gleich ein Glas.

»Salute Enzo, auf dein Wohl.«

»*Grazie*. Hoffentlich geht er nicht heute Nacht schon auf Tour!«

»Wir können bloß hoffen. Übrigens, morgen soll es richtig heiß werden. Was meinst du, wir sollten nicht zu spät losfahren, wenn wir zum Wasserfall runter laufen wollen. Ist acht Uhr zu früh?«

»Kein Problem, wenn ich morgen noch lebe, bin ich um acht bei dir. Aber entschuldige mich jetzt bitte, ich muss heim, mir ist so schlecht.«

Peroni kämpft sich aus seinem Stuhl, hebt kurz die Hand und verlässt auf kürzestem Weg die Bar.

»Oh, schön, Sie zu sehen, Commissario!«

Moretti dreht sich um, sieht eine bezaubernde Frau auf sich zukommen. Natürlich erkennt er sie sofort: Laura Cortese, die hübsche Begleitung von Brolio in Umito.

»Darf ich mich setzen?«

»Aber natürlich doch, Signora.«

Der Commissario bietet ihr einen Stuhl an und steht auf, bis sie Platz genommen hat. Moretti, der eigentlich nicht auf den Mund gefallen ist, ist doch momentan etwas sprachlos.

»Sie wohnen hier in Teramo?«

Ein dümmerer Text ist mir nicht eingefallen, denkt sich Moretti und ärgert sich über sich selbst.

»Waren Sie heute beim Wandern?«

Moretti schaut an sich herunter und entschuldigt sich.

»*Scusi,* ja, so ähnlich. Ich wollte gerade nach Hause gehen, duschen und mich umziehen.«

Verdammt, schon wieder so ein Mist, was ich da erzähle.

»Und dann? Kennen Sie hier vielleicht eine gute Pizzeria, ich habe heute so richtig Appetit auf Pizza!«

»Natürlich, die beste Pizza von Teramo! Darf ich Sie einladen?«

»Müssen, Mario, Sie müssen!«

Laura Cortese lacht Moretti an.

»Ich habe noch etwas in der Bücherei zu erledigen. Wie lange brauchen sie.«

»Eine halbe Stunde, treffen wir uns wieder hier?«

Moretti lächelt verlegen.

»Okay, Mario.«

»Darf ich sie auf einen Aperitif einladen.«

»*Grazie,* Commissario, später, aber ich muss jetzt wirklich zur Bücherei.«

Höflich erhebt sich Moretti und begleitet die Signora zum Ausgang. Erst als sie im Getümmel der Piazza verschwindet, eilt er schnell zur Theke und bezahlt. Auf dem Weg nach Hause denkt Moretti darüber nach, was ihn jetzt so aus der Fassung gebracht hat. Gut, die Signora ist hübsch und absolut sein Typ, und sie war es auch, die ihm bei der mündlichen Prüfung immer wieder durch geschicktes Nachfragen die richtigen Antworten entlockte, aber dass sie ihn jetzt so sprachlos macht, ist ihm doch unangenehm. Noch einmal soll ihm das nicht passieren.

Er springt zu Hause schnell unter die Dusche, schlüpft anschließend in eine Jeans, zieht ein bequemes Shirt an und sprüht sich etwas Parfüm von Dino Silvestri an den Hals. Fertig, nach zwanzig Minuten erreicht er wieder die »Bar Italia«. Er möchte Laura abfangen und mit ihr einen schönen langen Spaziergang durch Teramo machen. Aber daraus wird nichts, denn von weitem sieht Moretti Laura Cortese an einem der kleinen Tische unter den Arkaden sitzen. Vor ihr stehen zwei Longdrinks und mehrere kleine Teller, schön präsentiert mit Prosciutto, Oliven, Formaggio, Mortadella und Brot. Das ist hier so üblich, in jeder guten Bar bekommt man zum Aperitivo verschiedene Snacks gereicht. Laura winkt Moretti zu, als sie ihn sieht.

»Ich hoffe, Sie sind mir nicht böse, aber ich hatte Lust auf einen Drink. Bitte.«

Moretti nickt freundlich und setzt sich an den Tisch.

»Was gibt es Schöneres, als hier zu sitzen und das Leben zu genießen?«, sagt er.

Moretti hadert schon wieder mit sich selbst. Was gibt es Schöneres – so ein Blödsinn, denkt er sich. Laura hebt ihr Glas.

»*Salute*, Mario, sagen wir doch du! Ist einfacher, oder?«

»*Si*, Signora, äh Laura, ich heiße Moretti, *scusi*, nein … «

»Ich weiß, du heißt Mario.«

Na super, jetzt bin ich voll der Trottel! Moretti streckt Laura sein Glas entgegen, aber so wie man es eigentlich nur mit einem Maßkrug machen sollte. Das Glas von Laura hat gewonnen, das von Moretti zerspringt in tausend Scherben, und der Inhalt landet auf seiner Hose. Pietro, der Ober, reicht Moretti ein Tuch zum Abtrocknen und bringt auch noch seinen Kommentar unter: »Na, Mario, ich würde dir einen trockenen *vino bianco* empfehlen, der macht keine Flecken.«

»*Stronzo*, verschwinde!«

Laura lacht und lacht, bis ihr die Tränen übers Gesicht laufen. Moretti, dem jetzt auch schon alles egal ist, holt sich an der Bar einen neuen Drink und stellt Pietro, der gerade mit einem vollen Tablett an ihm vorbeigeht, ein Bein. Eigentlich sollte es bloß ein kleines Anrempeln sein, aber Pietro rechnet überhaupt nicht mit der Attacke und schießt mitsamt seinem Tablett, das er bis zum Schluss nicht loslassen will, quer durch die Bar, stürzt und landet unter einem Tisch. Laura, die sich wie alle anderen Gäste von dem Lärm erschreckt, denkt zuerst, dass es sich wieder um Moretti handelt, sieht aber dann Pietro unter dem Tisch. Moretti tut so, als hätte er mit der ganzen Sache überhaupt nichts zu tun. Genau weiß es Pietro auch nicht, ob es Moretti war, es standen ja noch zwei andere Gäste neben Moretti.

»He, Pietro, bedienst du auch unter den Tischen?« Mit diesem Satz macht sich Ruggero, der auch neben Moretti steht, unweigerlich bei Pietro zum Hauptverdächtigen. Ruggero, der die Unbeliebtheitsliste beim Personal der Bar mit großem Vorsprung anführt, bückt sich und schaut Pietro grinsend an. Der greift sich blitzschnell die am Boden liegende Erdbeertorte, und Bruchteile von Sekunden später schlägt die Sahnebombe im Gesicht von Ruggero ein. Jetzt lacht nicht nur Laura, die ganze Bar lacht und applaudiert Pietro für diesen Treffer. Ruggero schaut sich um, wechselt vor lauter Wut dreimal die Gesichtsfarbe und rennt dann, ohne zu bezahlen, aus der Bar.

»Ruggero!«, ruft ihm der Wirt nach. »Die Torte geht aufs Haus!«

Moretti setzt sich zu Laura an den Tisch und stößt vorsichtig mit ihr an.

»Mario, wenn ich dich so anschaue, kann ich mir nicht vorstellen, dass du nichts damit zu tun hast.«

»Wie meinst du das?«

»Ach, nichts, aber lustig war's trotzdem. Komm, laß uns noch ein Stück spazieren gehen, damit wir Appetit auf die Pizza bekommen.«

Moretti geht zur Kasse, der Wirt nimmt Moretti in den Arm und flüstert ihm ins Ohr.

»Geht aufs Haus, danke. Vielleicht kommt der *stronzo* hier nicht mehr rein. Der geht uns schon die ganze Zeit auf die Nerven.«

Moretti zieht die Schultern hoch und grinst. Laura, die am Eingang steht und zu den beiden schaut ist sich jetzt ganz sicher, dass Moretti nicht unschuldig ist.

»Ich zeige dir ein paar schöne Plätze, komm.«

Laura hängt sich bei Moretti ein, und beide schlendern die Fußgängerzone hinab zum Dom. Es entwickelt sich ein nettes und interessantes Gespräch. Laura ist in Bologna als Ausbilderin bei der Polizei tätig. Sie unterrichtet Psychologie und Sport. In Rom ist sie außerdem bei den Prüfungen dabei, weshalb sie es auch schon mit Moretti zu tun hatte, der ihr, wie sie insgeheim denkt, durch seine freundliche und sympathische Offenheit auffiel, aber auch sein fachliches Wissen hat sie beeindruckt. Im Dom angekommen, setzt sich Moretti auf eine Bank, während Laura sich umsieht. Anschließend setzen sie ihren Spaziergang fort. Beide fühlen sich wohl, die

Umgebung, das Gespräch, das Miteinander, alles zusammen ergibt eine schöne Atmosphäre.

»Jetzt freu ich mich auf eine gute Pizza.«

Laura reibt sich die Hände, sie hat gegenüber eine Pizzeria gesehen.

»Ist das hier?«

»Genau, die Pizzeria ›La Cantinetta‹. Wir sind noch früh dran, aber wir sollten reingehen, ich habe keinen Tisch reserviert. «

»Gute Idee, ich habe einen Riesenhunger.«

Die Pizzeria ist klein und unscheinbar, aber gemütlich und einfach. Die beiden werden gleich am Eingang von der freundlichen Bedienung in Empfang genommen und bekommen einen schönen Tisch im hinteren Teil der Pizzeria. In der Karte findet man die typischen Pizzen, aus dem Holzofen natürlich.

»Was möchtest du für eine Pizza, Laura?«

»Mit Gemüse, auf die habe ich Appetit. Und du?«

»Napoli, Pizza Napoli.«

Die Bedienung nimmt die Bestellung auf und bringt den beiden Wasser, eine Flasche Montepulciano und ein paar Bruschette mit Tomaten und Salsiccia.

»Warum fragst du mich eigentlich nicht nach Questore Brolio?«

Laura zieht die Augenbrauen hoch und erwartet Morettis Antwort.

»Warum sollte ich? Erstens geht's mich nichts an, mit wem du Essen gehst, und zweitens erzählst du es mir eh gleich!«

So, das war ein guter Schachzug von mir, denkt sich Moretti, weil es ihn zwar schon interessiert, aber zugeben würde er es nicht.

»*Allora,* es war so. Eigentlich waren wir zu fünft. Vier Kollegen aus Rom waren dabei, sie mussten aber gleich nach unserer Konferenz wieder zurück, und so blieb ich alleine übrig. Der Questore hat mir dann vorgeschlagen, ob wir in die Berge wollten, dort könne man supergut essen. So sind wir dort hingekommen, und es war wirklich gut. Ich weiß, der Questore ist ein kleiner Gigolo, aber eigentlich ganz harmlos. Er genießt es, in angenehmer Begleitung zu sein, aber wirklich ohne Hintergedanken. Ich fühle mich immer wohlbehütet bei ihm. Wie bei meinem Vater.«

»Hast du ihm das auch so gesagt?«

»Klar.«

»Und?«

»Ich glaube, er weiß, was Frauen über ihn denken. Er würde es nie zu einer blöden Situation kommen lassen, glaub ich. Oder was denkst du?«

»Du hast Recht, darum habe ich auch nicht danach gefragt. Mir war klar, dass es mehr ein Vater-Tochter-Essen war.«

Moretti wartet jetzt natürlich auf eine Frage ihrerseits, was er denn in Umito für eine Rolle spiele. Aber er wartet vergebens, keine Silbe kommt von Laura in Bezug auf Lisa. Inzwischen ist die Pizza angkommen, *ben cotta,* so wie Moretti sie bestellt hat.

»*Buon appetito,* lass sie dir schmecken.«

»Du dir auch, Mario.«

Das Lokal hat sich nach kurzer Zeit ziemlich gefüllt und die Lautstärke dementsprechend zugenommen. An den langen Tischen sitzen ganze Familien, von Opa und Oma bis zu ganz kleinen, noch im Kinderwagen liegenden Enkelkindern. Wenn man sich umsieht und den Gästen beim Essen zusieht, kann man die verschiedensten Essensrituale beobachten. Die einen schneiden sich Dreiecke aus ihrer Pizza und essen sie dann mit den Fingern. Andere schneiden den Rand großflächig ab und lassen ihn liegen. Wieder andere essen lieber den knusprigen Rand und lassen etwas vom Inneren übrig. Und es gibt so manchen, der kurzen Prozess macht und die Pizza binnen kürzester Zeit verschlingt. Getrunken wird auch ganz unterschiedlich, Wein, Bier und Cola. Bevor man um die Rechnung bittet, nehmen die meisten noch schön gemütlich einen *Caffe,* bei Urlaubern ist es dann auch oft ein Cappuccino, besonders beliebt bei den *tedeschi.* Auch Laura Cortese und Mario Moretti lehnen sich gemütlich zurück und unterhalten sich über dieses und jenes, ohne sich über die fortgeschrittene Zeit Gedanken zu machen. Erst als es wieder ruhiger ist, die Gäste weniger werden und die nette Bedienung noch einmal nachfragt, ob die beiden noch einen Wunsch haben, bemerken sie die späte Stunde.

»O Mario, du musst morgen bestimmt früh raus, lass uns gehen.«

»Schade, aber du hast Recht, ich muss morgen wirklich früh raus. Mein Kollege holt mich um acht Uhr ab.«

»Na, siehst du. Danke übrigens, es war ein sehr schöner Abend.«

Laura beugt sich zu Moretti und gibt ihm ein Küsschen auf die Backe.

»Ja, wirklich ein schöner Abend. Wir können uns ja auch mal am Tage treffen, wenn du wieder hier bist.«

Moretti nimmt Laura bei der Hand, begleicht die Rechnung zusammen mit einem ordentlichen Trinkgeld und verabschiedet sich bei der Bedienung. Draußen erwartet sie eine frische Brise, die aber beiden gut tut. Laura hängt sich wieder bei Moretti ein, wie ein glückliches Paar schlendern sie über die Piazza.

»Wo wohnst du eigentlich?«

»Im Hotel Gran Sasso, Via Vinci Guerra.«

»Ah, das ist ja nicht weit. Fünf Minuten, da müssen wir ja ganz langsam gehen, sonst sind wir gleich da.«

Beide lachen und drosseln sofort ihre Geschwindigkeit. Nach zwanzig Minuten erreichen sie dann das Hotel. Moretti hat sich vorgenommen, sich ohne viele Worte zu verabschieden, um nicht noch zum Schluss wieder irgendeinen Blödsinn zu reden.

»Laura, es hat mich sehr gefreut. Wir sehen uns doch wieder, oder?«

»Wenn ich wieder da bin, melde ich mich bei dir in der Questura.«

Mit einem Küsschen rechts und links verabschieden sich die beiden, Laura geht zum Eingang des Hotels und dreht sich noch einmal um.

»Mario.«

Moretti erschrickt, schaut lächelnd zu Laura zurück. Sie winkt noch einmal kurz und ruft ihm zu: »Sag schöne Grüße an Lisa, unbekannterweise, ciao.«

Das hat gesessen, Moretti weiß wieder mal nichts darauf zu sagen, nickt bloß und geht weiter. Er will gar nicht weiter darüber nachdenken und bringt seine Gedanken stattdessen sofort in Richtung Morgen. Er überlegt, was alles in den Rucksack muss. Badehose, Handtuch, Wasserflasche und vielleicht seine Dienstpistole? Diesen Gedanken verwirft er aber gleich wieder, so ein Blödsinn. Bei dem Gedanken, wie er und Sandro sich gegenüberstehen wie zwei Cowboys im Wilden Westen, muss er lachen, aber die Waffe oder Waffen wird er den Gaunern auf alle Fälle abnehmen müssen.

Enzo Peroni, dem es an diesem Morgen wieder besser geht, verabschiedet sich von seiner Frau, nimmt seinen vollbepackten Rucksack und läuft eilig in den Innenhof seiner Wohnanlage, um seinen

Roller aus der Garage zu holen. Enzo hat verschlafen. Zwanzig Minuten nach acht, das kratzt an seiner Ehre. Schnell setzt er den Helm auf, zum Glück ist sein Roller zuverlässig und springt sofort an. Natürlich nimmt er die Abkürzung durch die Fußgängerzone, jede Minute zählt. Ein Blaulicht wäre nicht schlecht, denkt er sich. Moretti sitzt vor seinem Haus auf einer leeren Obstkiste, die irgendein Marktverkäufer verloren haben muss. Peroni schießt in Schräglage ums Eck, rauf auf den Bürgersteig und mit zehn Zentimeter Abstand vorbei an Moretti. Der lässt sich geistesgegenwärtig nach hinten abrollen.

»*Buon giorno*, Mario, wartest du schon lange?«

Moretti kickt die Obstkiste gegen die Hauswand.

»Ciao, Kamikaze, sag jetzt bitte nichts. Ich habe alles dabei. Gib mir den Helm, halt die Klappe und fahr los.«

Somit ist alles gesagt. Peroni gibt Moretti den Helm und stopft seinen Rucksack in das Topcase. Sekunden später sind sie weg. Peroni versucht immer noch die verlorene Zeit aufzuholen. Die Einbahnstraße in falscher Richtung, bei Rot über die Ampel und vorbei an der Polizia Municipale, die auf der Lauer liegt. Der Beamte startet sofort sein Auto und will den beiden hinterher, da erkennt Moretti einen der beiden Beamten, und der erkennt Moretti. Er schüttelt den Kopf und zeigt ihm den Vogel, lässt es aber gut sein. Peroni bekommt das gar nicht mit, und Moretti ist es egal. Er lässt ihn fahren, wie er will. Auf der Landstraße Richtung Ripe genießt Moretti die frische Morgenluft und schaut sich rechts und links von der Straße die Landschaft an. Die zwanzig Kilometer auf der ss 81 nach Ripe schnupft Peroni in neuer Rekordzeit von dreißig Minuten. Vor dem Ristorante »Le Grotte« hält Peroni an.

»Was meinst du, soll ich erst mal nach San Giacomo rüber fahren und schauen, ob die Jungs schon da sind? Du kennst doch den Platz, wo sie ihr Auto abstellen!«

»*Ihr* Auto, schön wär's. Nein, fahr runter zum Parkplatz. Lisa meldet sich, wenn sie was weiß.«

»Wie du meinst.«

Peroni fährt ins Zentrum von Ripe und dann über die Strada Bianca hinunter zum Parkplatz. Sie sind die Einzigen hier am Ausgangspunkt für viele schöne Wanderungen. Die beiden kennen hier jeden Stein, und so läuft alles ohne Worte ab. Jeder schnürt sich seine Wanderschuhe, schultert seinen Rucksack und fängt an, bergabwärts in Richtung Wasserfall zu gehen. Gute zehn Minuten dauert es bis zur Grotta San Angelo und nochmal gute fünfzehn Minuten zum Wasserfall. Von weitem hören sie das Wasser über die steilen Felswände hinunterstürzen. Der Weg hinunter zur Badestelle ist etwas steil, aber Mario und Enzo sind ja bestens ausgerüstet und erreichen nach wenigen Minuten einen traumhaft schönen Platz unterhalb des Wasserfalls. Moretti holt als Erstes sein Handy aus der Tasche und legt es neben sich ins Gras. Peroni setzt sich auf einen Stein und fängt an, in seinem Rucksack zu suchen. Nacheinander zieht er Plastikschüsseln in verschiedenen Größen heraus, dann einen frischen Laib Brot, den seine Frau schon in aller Frühe aus der Bäckerei geholt hat. Tomaten, Peperoni, eine kleine Salami Piccante von Costantini. Costantini ist eine Metzgerei der Gegend mit ausgezeichneten Produkten, die den Vergleich mit einem Feinkostladen nicht zu scheuen braucht. Dann zieht er von ganz unten eine Tischdecke heraus und breitet sie schön ordentlich vor sich aus. Moretti holt seine Flasche Wasser aus dem Rucksack und stellt sie dazu. Peroni grinst über den Beitrag seines Kollegen. Im Gegenzug holt er eine Flasche Montepulciano heraus. Moretti kramt sein Handtuch aus dem Rucksack und breitet es aus. Es ist noch ein bisschen frisch hier in den Bergen, und so lässt er seine Hose und Shirt lieber noch an. Seine Badehose steckt er wieder in den Rucksack. Immer wieder wirft er einen Blick auf sein Handy. Peroni hat inzwischen alle Schüsseln geöffnet, und es riecht wie bei ihm zu Hause in der Küche. Seine Frau hat nicht nur das Brot geholt, sondern stand auch schon gute zwei Stunden in der Küche und hat für die beiden *cotoletta Milanese, involtini di melanzane* und eine *parmigiana* zubereitet.

»Enzo, wenn wir das gegessen haben, was machen wir dann zu Mittag?«

»Es ist erst zehn Uhr, Mittagessen gibt's um eins.«

»Ah ja, genau, ist ja noch ewig hin.«

Moretti wollte sich den Appetit eigentlich für Mittag aufheben. Oben im Ort, im Ristorante »Le Grotte«, isst man ausgezeichnet. Aber es duftet so köstlich, dass er nicht widerstehen kann. Er nimmt sich von allem aber nur ein wenig und genießt jeden Bissen. Bei Peroni könnte man hingegen eher annehmen, dass es das letzte Essen für diese Woche ist. Für den Wein ist es aber den beiden doch noch zu früh. Sie trinken lieber Wasser, aber nicht das aus der Flasche, sondern das Wasser aus dem Fluss. Es ist absolut sauber und eiskalt. Nach dem Essen liegen beide auf ihren Handtüchern, die Beine ausgestreckt, gerade soweit, dass sie bis ins kalte Wasser reichen.

»Gehst du da wirklich rein, Mario?« Peroni zieht seine Füße gleich wieder aus dem Wasser raus, es ist zu kalt.

»Mmmh, glaub nicht, es ist echt saukalt.«

Keine zwei Minuten später ist Peroni mit einem Stück Brot in der einen Hand und der Salami in der anderen eingeschlafen. Moretti nimmt sein Handy und fotografiert ihn. Als er dann auch noch zu schnarchen beginnt, kommt noch ein Video dazu. Moretti sucht sich wie früher, als er noch ein kleiner Junge war, ein paar flache Steine und wirft sie geschickt übers Wasser. Sechs, sieben, acht und neun Mal springen die Steine von der Wasseroberfläche hoch, bis sie an der Felswand ankommen. Moretti denkt wieder an den vergangenen Abend und muss über die letzten Worte von Laura schmunzeln. In Gedanken geht er das Gelände im Wald durch, fragt sich, wo sich die beiden Jungs aufhalten könnten, und schaut wieder auf sein Handy. Die Sonne wärmt ihm den Rücken, und die Stille, die nur durch das leise Schnarchen von Peroni durchbrochen wird, macht jetzt auch Moretti etwas müde.

Gute zwei Stunden müssen vergangen sein, da springt Peroni auf, und rüttelt Moretti wach.

»Mario, wach auf, du bist eingeschlafen!«

Moretti sieht Peroni, der wild herumfuchtelt, mit großen Augen an. Sofort schaut er zum Handy. Nichts, noch kein Anruf von Lisa. Peroni ist aber ganz aufgelöst und gestikuliert in Richtung Ripe.

»Hast du einen Tisch für Mittag bestellt?«

»Sag mal, hast du keine anderen Sorgen? Lauf doch schon mal vor, nicht, dass du verhungerst.«

»*Scusa*, Mario, war nicht so gemeint, aber …«

»Du hast recht, komm, räumen wir zusammen, lass uns raufgehen.«

Peroni verschließt seine Plastikschüsseln und schmeißt sie zusammen mit dem Rest schnell in seinen Rucksack. Moretti hat sein Handtuch in seinem Rucksack verstaut und die Schuhe angezogen. In eine leere Tüte steckt er noch schnell den Müll und beginnt mit dem Aufstieg. Nach einer halben Stunde haben die beiden den Motorroller erreicht und fahren nach Ripe zurück. Im Ristorante »Le Grotte« sind ein paar Tische besetzt, aber es ist noch genügend Platz.

»Mario, heute bist du mein Gast. Und keine Widerrede!«

Peroni zeigt mit erhobenen Zeigefinger an, dass es ihm ernst ist.

Moretti zieht die Schultern hoch.

»Grazie, aber lassen wir uns doch eine Rechnung geben, dann bekommen wir es eh erstattet.«

»Heute ist der zwölfte, mein Geburtstag!«

»Enzo, *scusa,* wie konnte ich es nur vergessen. *Auguri!*«

Moretti steht auf, umarmt Enzo und drückt ihn fest. Der Ober, der gerade aus der Küche kommt und die beiden so dastehen sieht, dreht auf der Stelle und verschwindet wieder in die Küche. Die beiden sehen sich an und fangen an zu lachen.

»Komm, Liebling, setz dich.«

»Hör auf, was soll sich der Ober von uns denken?«

Der kommt gerade wieder aus der Küche und beginnt etwas verlegen seine Antipasti herunterzubeten. Danach zählt er die Nudelgerichte auf und anschließend die Hauptspeisen. Peroni bestellt einige Antipasti, zweimal Nudeln und eine *grigliata.*

»… und *dolci,* was haben Sie an *dolci?*«

»Enzo, bitte! Essen wir doch erst einmal, was du bestellt hast.«

»Okay, und bringen Sie uns bitte einen Liter *vino bianco* und Wasser, danke.«

Der Ober hat sich alles notiert und kümmert sich um die Getränke, während Moretti zum hundertsten Mal auf sein Handy schaut.

»Na, hoffentlich nicht jetzt, das wäre doch blöd, oder was meinst du, Mario?«

»Ich glaube sowieso, dass die beiden erst am Abend kommen.«

Moretti schaut auf einen Kalender, der gegenüber an der Wand hängt.

»Ach herrje,, da fällt mir ein, heute ist der zwölfte. Dann müssen wir ja übermorgen nach San Benedetto.«

»Genau, zum Schießen. Das wird wieder was werden. Hoffentlich treffe ich dieses Mal wenigstens die Scheibe.«

Peroni ist wohl der mit Abstand schlechteste Schütze der gesamten Polizei Italiens.

Moretti dagegen wäre, wenn er wollte, ein ausgezeichneter Schütze, aber seine grundsätzliche Abneigung gegen Schusswaffen ist so groß, dass er meistens absichtlich daneben schießt, um ja nicht positiv aufzufallen.

»Wann müssen wir in San Benedetto sein, Mario? Ich hab's vergessen?«

»Unserer lieben Signorina Uccello zum Dank um acht Uhr morgens. Wir treffen uns um sieben in der Questura.«

»Ach ja, genau, Renzo Rizzo kommt ja auch mit, unser Fahrer.«

Mittlerweile hat sich der Tisch mit den Antipasti gefüllt, und die beiden genießen eine Vorspeise nach der anderen. Zum Glück ist danach eine halbstündige Pause, bevor die Pasta mit Steinpilzen, Trüffeln und Salsiccia serviert wird. Die anschließende *grigliata* mit Gemüse, Kartoffeln und Salat ist eigentlich viel zu viel, aber nach einer weiteren Stunde haben sie auch den letzten Teller verputzt. Peroni lehnt sich zurück und nickt Moretti zu.

»Du hast recht gehabt, ich glaube, dass ein *dolce* für uns beide reicht. Was meinst du?«

»… und ein Grappa.«

»Gute Idee.«

Nach dem Grappa kommt ein *dolce,* dem folgt dann noch einmal ein Grappa und zum Finale ein *caffè.* Zu letzterem bringt der Ober sein Telefon mit.

»Ist einer von den Herren Commissario Moretti? Hier ist eine Signora Zinga.«

Moretti springt auf und reißt das Telefon an sich.

»Lisa, was ist los?«

»Ich versuche Euch schon eine Stunde lang zu erreichen, jetzt habe ich alle Ristoranti in der Gegend abtelefoniert. Sandro und Jonathan sind vor einer Stunde losgefahren!«.

»Danke, Lisa, ich versteh es nicht, mein Handy ist an, aber ist ja jetzt auch egal. Wir fahren gleich los.«

»Mario, was ich noch sagen wollte: Du hattest recht, sie sind mit einem roten Pickup gefahren. Ich habe Sandro gefragt, woher er das Auto hat, und er hat gesagt, es gehört einem Freund, und er muss es heute Abend wieder zurückgeben.«

»Geht klar, Lisa, wir machen das schon, bleib ganz ruhig. Mach dir wirklich keine Sorgen. Hör zu, wenn alles erledigt ist, komme ich zu dir. Wahrscheinlich morgen, okay? *Bacio,* ciao.«

Der Ober steht mit den beiden Kaffees und offenem Mund vor dem Tisch der beiden Beamten und weiß nicht so recht, was er von der ganzen Situation halten soll. Erst liegen sich die beiden in den Armen, dann vernichten sie fast eine Flasche Grappa, und jetzt sollen es auch noch Polizisten sein. Moretti schaut den Ober an und schnippt kurz mit den Fingern, um den Ober aus seiner Ohnmacht zu erwecken.

»Hallo? Ich glaube, der *caffè* wird nicht wärmer.«

»Oh, *scusi*, Signori, ich habe nur gedacht …«

»Ist schon in Ordnung, bringen Sie uns bitte die Rechnung.«

Der Ober eilt davon und ist auch sofort wieder mit der Rechnung da. Peroni schaut kurz darauf und begleicht sie mit einem großzügigen Trinkgeld.

»Auf Wiedersehen. Ich hoffe, es war alles in Ordnung.«

Moretti nickt ihm freundlich zu. Kurz darauf sitzen die beiden auf ihrem Roller und knattern die etwa zehn Kilometer nach San Giacomo hinüber. Als sie am Ristorante »Panorama« vorbeikommen, sehen sie den Pickup, der neben einem Rohbau versteckt geparkt ist. Peroni bleibt direkt neben dem Fahrzeug stehen. Moretti steigt ab und geht darauf zu. Durch die verdunkelten Seitenfenster kann er nur schlecht ins Wageninnere sehen. Er schirmt sich die Augen mit den Händen ab und drückt das Gesicht fest an die Scheibe. Hinter dem Beifahrersitz kann Moretti eine braune Aktentasche erkennen. Peroni holt in der Zeit die Stahlkette aus dem Topcase, um den Roller abzusperren.

»Mario, was meinst du, soll ich den Roller an das Auto anketten?«

»Gute Idee, dann können sie auf keinen Fall wegfahren.«

Peroni schiebt den Roller so nah wie möglich an den Pickup heran, fädelt die Kette durch das Hinterrad des Pickup und dann um die Aufhängung seines rechten Vorderrades. Moretti schaut in die Richtung, wo er die jungen Männer vermutet.

»Komm, Enzo, vielleicht kommen wir an sie ran. Wir gehen in Richtung Baumgrenze.«

Peroni nickt und holt seinen Rucksack aus dem Topcase. Moretti schaut ihn überrascht an.

»Enzo, für was brauchst du den Rucksack?«

»Da ist unser Wasser drin.«

»Ja, und die Salami.«

»Ja klar, wer weiß, wie lange wir da im Wald sind! Vielleicht bekommen wir Hunger.«

Moretti schüttelt den Kopf und beginnt zu gehen. Nach ein paar hundert Meter verzweigen sich einige Pfade, gekennzeichnet mit kleinen Steinmännchen, rechts und links des Weges. Moretti zuckt mit den Achseln und blickt ratlos zu Peroni zurück.

»Was meinst du, welchen Weg nehmen wir?«

Peroni geht an Moretti wortlos vorbei und biegt nach rechts ab. Der Commissario läuft ihm kommentarlos nach. Kein Mensch, weit und breit, nur Natur. Wo die Bäume lichter sind, scheint die Sonne auf den Waldboden und erwärmt ihn. Man kann erahnen, dass hier bald die Pilze aus dem Boden schießen werden. Hin und wieder ist durch den Wald ein Blick bis zur Adria möglich. Der Kontrast *mare* und *monti* ist einfach unbeschreiblich schön. Moretti bemerkt, dass Peroni sein kleines Spielzeug, das Navigationsgerät aus seinem Rucksack geholt hat und sich daran zu schaffen macht.

»Das ist schon eine tolle Sache, Mario, schau mal, ich kann hier alles genau dokumentieren.«

Moretti winkt lächelnd ab. »Frag mal dein Gerät ob es auch Wilderer finden kann.«

Ziellos laufen die beiden durch den Wald. Einmal mehr in Richtung des dichteren Waldes, dann wieder auf Lichtungen zu, wo sie sich für ein paar Minuten in die Sonne setzen, um die Ruhe und den Ausblick zu genießen. Peroni zieht gerade heimlich die Salami aus seinem Rucksack, da zerreißt ein lauter Knall die Stille. Moretti schaut nach Süden, Peroni nach Norden.

»Von da, Mario!«

»Nein, Enzo, von dort!«

Es wird klar, dass es unmöglich ist, genau zu bestimmen, woher der Schuss kam.

»Auf alle Fälle ist es nicht sehr weit von hier, aber wo?«

Peroni blickt in alle Richtungen, bergauf, bergab, rechts und links und legt sich schließlich fest. »Ich glaube es kommt von dort.«

»Dann los, Enzo, wir gehen aber etwas versetzt zueinander. Sodass wir uns aber noch sehen können.«

Moretti läuft bergauf, Peroni bleibt unterhalb von ihm im dichteren Gehölz. Moretti hofft, dass sie die Wilderer finden, ganz aufgeregt schaut er alle paar Meter zu Peroni hinunter. Der blickt ebenfalls immer wieder zu Moretti hinauf und erhofft sich ein positives Zeichen. Da bleibt Peroni stehen und bedeutet auch Moretti, anzuhalten. Schnell holt er sein Fernglas aus dem Rucksack. Nach wenigen Augenblicken zeigt er Moretti mit erhobenem Daumen an, dass er die beiden jungen Männer entdeckt hat. Moretti läuft geduckt zu Peroni hinunter.

Peroni gibt Moretti das Fernglas. Der ist aber so nervös, dass er zunächst gar nichts erkennt. Aber dann hat er sie im Visier. Sie knien beide im halbhohen Gras, sind allerdings nur von hinten zu sehen. Was vor ihnen auf dem Boden liegt, ist nicht zu erkennen, aber leicht zu erahnen.

»Endlich! Komm, Enzo!«

Es werden circa fünfhundert Meter sein, die sie von den Wilderern trennen. Moretti macht keine Anstalten, sich irgendwie zu verstecken oder anzuschleichen. Er läuft geradewegs über die Wiese auf die Burschen zu. Peroni dagegen schlägt sich nach rechts ins Unterholz und schleicht sich in Deckung auf die Wilderer zu. Sandro und Jonathan sind so beschäftigt, dass sie den Commissario nicht einmal bemerken, als er nur noch fünfzig Meter von ihnen entfernt ist. Moretti bleibt stehen und muss erst mal kräftig durchatmen.

»Hände hoch, ihr Pfeifen!«

Im selben Moment wird Moretti bewusst, dasss er unbewaffnet ist und es eigentlich ganz schön blöd ist, ihnen zuzurufen, dass sie die Hände hochnehmen sollen. Doch der Zuruf schlägt bei den beiden Burschen ein wie eine Bombe. Beide erschrecken fürchterlich, lassen alles fallen und stehen wie gelähmt da. Jonathan will schnell zu seiner großkalibrigen Waffe greifen, da ruft Peroni aus dem Unterholz: »Denk nicht mal dran, Kleiner, ihr seid umzingelt. Zwanzig Pistolen sind auf euch gerichtet.« Da zieht der Junge seine Hand ganz schnell wieder zurück und bewegt sich nicht mehr. Moretti geht auf die beiden zu, nimmt sich das Gewehr und bedeutet Peroni mit einem Winken, dass er kommen kann.

»Mario, du!«

Sandro ist offenbar froh, dass es Moretti ist, der sie erwischt hat, aber gleichzeitig ist es ihm furchtbar unangenehm.

»Ich, ich meine, wir wollten nur …«

»Ins Gefängnis wollt ihr, ich weiß. Wilderei, Autodiebstahl, unerlaubter Waffenbesitz.«

Moretti zeigt auf das erlegte Wild, ein etwa hundert Kilo schwerer junger Hirsch.

»Und den habt ihr wohl aus Versehen getroffen, oder?«

Moretti setzt sich ins Gras und winkt Peroni zu sich.

»Gib mir mal das Wasser und setz dich her.«

Peroni holt die Wasserflasche heraus und hockt sich neben Moretti ins Gras. Die beiden Burschen stehen immer noch bewegungslos da.

»Los, geht da rüber zu den Büschen und setzt euch hin.«

Moretti deutet den beiden an, wo sie sich hinsetzen sollen.

»So, Enzo, und jetzt, was machen wir mit ihnen?«

»Also mit dem Hirsch, da hätte ich schon eine Idee!«

»Ja, genau, auf deinen Roller drauf, gute Idee. Überleg lieber, wie wir da rauskommen. Ich brauch nur den Pickup. «

Peroni steht auf und geht zu seinem Rucksack, kramt herum und holt etwas heraus. Dann geht er erst bergab, anschließend nach rechts und links, auf einmal wieder bergauf.

»Enzo, was wird das?«

Etwa fünfzig Meter oberhalb von Moretti bleibt Peroni schließlich stehen. Er schaut auf das kleine Gerät, das er in der Hand hält und grinst.

»Mario, komm mal her.«

»Was willst du? Sag es mir.«

»Nein, du musst kommen.«

Widerwillig erhebt sich Moretti und steigt zu Peroni hinauf. Peroni hält Moretti sein Navi hin und deutet auf die Anzeige.

»Lies mal vor, was da steht, Mario!«

Moretti schaut auf das Display und beginnt die Zahlen abzulesen.

»Nicht die Zahlen, das darunter!«

Moretti liest das Wort darunter einmal, zweimal und beginnt dann ebenfalls zu grinsen. Er schaut zu den beiden Burschen und ruft ihnen zu.

»Sandro, Jonathan, ihr geht jetzt rüber und zieht den Hirsch zu mir her.«

Die beiden schauen sich ganz entgeistert an, trauen sich aber nicht zu widersprechen. Sie gehen zu dem erlegten Hirsch und beginnen ihn bergauf zu ziehen. Hundert Kilo sind verdammt schwer, und das noch bergauf. In kürzester Zeit läuft ihnen der Schweiß am ganzen Körper hinab. Ab und zu schauen sie zu den Beamten, als wollten sie sie um Hilfe bitten, aber Moretti und Peroni sitzen im Gras und schauen ihnen zu.

»Los, Jungs, strengt euch an, die Hälfte habt ihr schon.« Der Hirsch wird immer schwerer, verzweifelt ziehen sie mal an den Vorderläufen, dann am Geweih und wieder an den Hinterläufen. Völlig außer Atem haben sie endlich das Tier zu den beiden Polizisten hochgezogen. Moretti nickt Peroni zu. Der geht zu seinem Rucksack, den er ein Stück weiter unten abgelegt hatte. Sandro schaut fragend zu Moretti.

»Und jetzt?«

»Was und jetzt? Da habt ihr ja Glück gehabt. Der Hirsch liegt im Hoheitsgebiet von Ascoli, geht uns also nichts an.«

»Soll das heißen, dass ihr uns nichts tut. Aber die anderen Polizisten?«

»Welche anderen Polizisten, du Komiker?«

»Na, alle, die uns umzingelt haben«, fragt Jonathan schüchtern.

»Enzo, ich meine Sergente Peroni hat euch Schnapsnasen umzingelt. Das hat gereicht. Sandro, komm her.«

Sofort rennt Sandro die paar Meter zu Moretti.

»Gib den Schlüssel her!«

»Welchen Schlüssel?«

»Den Schlüssel vom Pickup, aber schnell!«

»Ja, klar.«

Sandro zieht sofort den Schlüssel aus seiner Hosentasche und übergibt ihn Moretti. Der schiebt ihn wortlos ein und geht zu Peroni. Die beiden Beamten sehen sich kurz an und beginnen mit dem Rückmarsch. Moretti hat sich das Gewehr, das dem Vater von Jonathan gehört, umgehängt. Sandro und Jonathan laufen in angemessenem Abstand hinter den beiden her. Moretti bleibt stehen und wartet, bis die beiden noch zwei Meter von ihm entfernt sind.

»Was glaubt ihr, was das hier ist? Wandertag? Ich will euch nicht mehr sehen.«

Moretti deutet Richtung Norden. »Da drüben ist Ascoli, verschwindet.«

»Aber Mario, zu Fuß sind das zwanzig Kilometer.«

»Mindestens Sandro, mindestens zwanzig, und wenn ich euch Pappnasen in einer Minute noch hinter mir sehe, stecke ich euch persönlich ins Gefängnis!«

Ohne einen Ton zu sagen, laufen die Jungs von den Polizisten weg und sind in kürzester Zeit nicht mehr zu sehen. Nach einer halben Stunde erreichen Moretti und Peroni den Pickup. Moretti sperrt den Wagen auf und legt das Gewehr hinein.

»Also, Enzo, wie besprochen. Ich fahre zu dir und stelle das Auto bis morgen in deine Garage. Morgen früh um sieben bin ich bei dir. Du kannst später in die Questura kommen. So um neun Uhr.«

»Okay. Dann sehen wir uns morgen.«

Moretti steigt in den Pickup und fährt nach Teramo zu Peronis Garage. Peroni knattert mit seinem Roller gemütlich über die Dörfer zurück. Nachdem er den Pickup untergestellt hat, geht Moretti auf kürzestem Weg nach Hause. Er duscht sich und macht es sich anschließend vor dem Fernseher gemütlich. Italien gegen Deutschland, ein Fußballklassiker, den natürlich wieder die Italiener für sich entscheiden.

Halb sieben Uhr morgens, es kommt nicht oft vor, dass der Commissario um diese Uhrzeit schon unterwegs ist. Er läuft an der »Bar Italia« vorbei, doch den wunderbaren Duft von frischem Gebäck und Kaffee muss er heute ignorieren.

»Mario, was machst du denn um diese Uhrzeit? Los, komm rein!«, ruft der Besitzer der Bar seinem Freund Moretti hinterher. Der bedeutet ihm mit einer Handbewegung, dass er es eilig hat.

»Okay, Mario, dann bis später.«

Moretti läuft die Fußgängerzone hinauf und überquert ein paar Straßen bis zur Garage von Peroni. Er zieht das unverschlossene Tor hoch, steigt eilig ein und fährt in Richtung *centro*. Während der Fahrt schaut Moretti auf den Rücksitz und sieht, dass Peroni, wie besprochen, das Gewehr mit in seine Wohnung genommen hat. An einer roten Ampel überprüft Moretti, ob sich noch irgendwelche Dinge im Auto befinden, die besser nicht von der Polizei gefunden werden sollten. Und tatsächlich, im Handschuhfach liegt Sandros Geldbörse samt Ausweis und Führerschein. Moretti steckt die Börse ein. Typisch Peroni, denkt sich Moretti, wenigstens hat der Held an das Gewehr gedacht. Im Zentrum angekommen sucht Moretti eine günstige Stelle, um das Fahrzeug abzustellen, dabei sieht er in etwa hundert Meter Entfernung Simona Gamberetti, die Hübsche von der Polizia Municipale. Die kommt genau richtig, denkt sich Moretti und parkt den Pickup kurzerhand halb auf dem Gehweg in einer kleinen Seitenstraße, sodass ein Vorbeikommen anderer Fahrzeuge unmöglich ist. Schnell greift sich Moretti die Aktentasche, die hinter dem Beifahrersitz liegt, und steigt aus. Den Zündschlüssel lässt er stecken. Die Türe ist noch nicht richtig zu, da kommen die ersten Autos in die Straße gefahren, und schon beginnt ein Hupkonzert. Auch der Gegenverkehr ist blockiert. Moretti läuft in die nächste kleine Seitenstraße, in die Simona hinein gegangen ist.

»Hallo, Simona, schön dich zu sehen.«

Die kleine Simona, mit hochrotem Kopf, sieht ihren Traummann und stammelt:»Ciao, Mario, das ist aber eine Überraschung, so früh am Morgen. Gehen wir einen Kaffee trinken?«

»Gerne, aber ich habe es furchtbar eilig. Ich muss in die Questura.«

Das Hupen der inzwischen zehn bis fünfzehn Autos ist auch für Simona nicht zu überhören.

»Was ist denn da hinten los?«

»Ich hab gesehen, da parkt ein riesengroßes Auto so blöd, dass niemand mehr vorbei kommt. Wäre gut, wenn du nachsiehst und für Ordnung sorgst. Vielleicht sehen wir uns ja später in der Bar.«

»Okay, wird gemacht. Ich bin so um zehn Uhr in der Bar, ciao.«

Simona zieht ihre Uniformjacke nach unten, rückt die Mütze zurecht und marschiert in Richtung Hupkonzert. Moretti schaut ihr noch nach, um sicher zu sein, dass sie den Pickup auch findet. Mit der Aktentasche unter dem Arm betritt Moretti die »Bar Italia« und setzt sich abseits an einen Tisch. Der Ober bringt ihm unaufgefordert seinen Kaffee und Gebäck. Er öffnet die Aktentasche und zieht einen Ordner heraus. Auf dem Umschlag steht der Name eines angesehenen Bauunternehmers. Auf einem zweiten Ordner prangt in dicken roten Lettern die Aufschrift: »Streng vertraulich.« Moretti schiebt beide Ordner wieder in die Tasche und stellt sie zwischen seine Beine auf den Boden. Sein Handy klingelt, auf dem Display steht der Name Simona Gamberetti. Was sie ihm berichten will, kann sich Moretti denken und lässt es weiter klingeln. Nach seinem kleinen Frühstück geht Moretti zur Questura. Noch unten im Hof wählt er die Handynummer von Questore Brolio, der auch sofort drangeht.

»*Buon giorno*, Moretti, so früh schon unterwegs?«

»*Buon giorno*, Questore, sind Sie schon im Büro? Dann gehen Sie bitte zum Fenster.«

Moretti will auf keinen Fall zu Brolio ins Büro gehen, das Monster im Vorzimmer ist sicher auch schon da.

Einen kurzen Augenblick später steht der Questore am Fenster, Moretti hebt die Aktentasche hoch.

»Wo soll die hin?«, fragt er am Handy.

»Ausgezeichnet, Mario. Passen Sie auf, Sie gehen zum Gericht. Im ersten Stock, Zimmer eins drei eins, ist ein kleiner Konferenzraum. Dort gleich links neben der Türe steht ein alter Sekretär. Legen Sie die Tasche in die unterste Schublade.«

Der Questore wechselt sofort das Thema und deutet auf zwei nagelneue Alfa Romeo, die vor der Werkstatt stehen,

»Schauen Sie, Mario, die beiden nagelneuen Dienstfahrzeuge, eine Spende von der Baronin Conti. Einer davon ist für sie.«

Moretti hebt begeistert den Daumen. »Nicht schlecht, wenn ich zurück bin, machen wir eine Probefahrt.«

»Leider habe ich keine Zeit, Mario, eine wichtige Besprechung wartet auf mich.«

»*Scusi,* ich habe eigentlich an Peroni gedacht. Eine kleine Bitte, Questore, Peroni und ich hätten gerne übermorgen einen freien Tag, geht das in Ordnung?«

»Aber selbstverständlich, Mario!«

»*Grazie,* ich geh dann. *Buon giorno,* Questore. «

Eigentlich schade, denkt Moretti, dass ich nicht öfters so früh am Morgen schon unterwegs bin, und genießt die warme Morgensonne, das angenehme Licht, das bunte Treiben auf den Straßen und die wunderbaren Gerüche aus den Bars. Kurz vor dem Gerichtsgebäude kauft Moretti sich eine *Gazzetta dello Sport.* Er kennt sich im Gerichtsgebäude gut aus und geht auf kürzestem Weg zu Zimmer eins drei eins. Im Konferenzraum sieht Moretti, dass der Raum auch von den beiden angrenzenden Zimmern rechts und links zugänglich ist. An den Türen stecken die Schlüssel, und er schließt beide Türen ab, damit ihn niemand überraschen kann. Dann legt er die Tasche in die unterste Schublade. Wieder auf dem Flur sucht sich Moretti eine Bank, von der aus er gute Sicht auf die Türe hat. In alter Spionagemanier reißt er ein kleines Loch in die *Gazzetta* und hält sie hoch vor sein Gesicht. Es ist ganz schön viel los auf dem Flur, andauernd kommen irgendwelche Leute vorbei: Anwälte, Zivilpersonen mit Vorladungen in der Hand, die ihre Gerichtsräume suchen, dann schiebt ein Gerichtsdiener einen Rollwagen, vollbeladen mit Ordnern, vorbei. Gleich dahinter kommen zwei Kollegen von Moretti vorbei, schnell zieht er die *Gazzetta* noch ein wenig höher, um nicht erkannt zu werden. Jetzt sieht Moretti einen kleinen Mann im Anzug die Treppe hochspringen und sofort im ersten Zimmer verschwinden. Natürlich hat Moretti den unsympathischen Typen sofort erkannt. Der Kleine kommt Sekunden später wieder heraus und läuft eilig am Raum einsdreieins vorbei ins nächste Zimmer, aber auch dort kommt er sofort wieder heraus. Ohne lange zu zögern, nur ein kurzer Blick rechts und links, dann huscht er in den Konferenzraum, es dauert keine halbe Minute, und Dottor Calda kommt mit der Aktentasche auf den Flur. Entschlossen eilt er den Flur entlang in Richtung Moretti, der genau in dem Moment, als Calda auf seiner Höhe ist, die *Gazzetta* senkt und dem Dottore ins Gesicht lächelt.

»*Buon giorno*, Dottore, gerade ist ein Kollege von Ihnen mit einem großen Rollwagen voller Akten vorbeigesaust. Wenn Sie sich beeilen holen Sie ihn sicher noch ein.«

Der Staatsanwalt wird tomatenrot, schaut auf die Aktentasche und läuft weiter.

»Ach, übrigens Dottore, der Fall Trulli ist abgeschlossen. Es war ein natürlicher Tod. Sein Auto haben wir auch gefunden, aber das ist ja nicht wichtig. *Buon giorno.*«

Moretti steht auf, legt die *Gazzetta* auf die Bank und verlässt mit einem Liedchen auf den Lippen das Gerichtsgebäude. An der Questura angekommen, sieht er Peroni neben den beiden neuen Alfas stehen. Er unterhält sich mit dem Parkwächter.

»*Buon giorno*, Mario, schau mal, einer davon ist unserer. Welchen nehmen wir?«

»Ich hole schnell die Schlüssel, Signori.«

Der Parkwächter läuft los in sein Büro

»Ein Schlüssel reicht«, ruft im Moretti hinterher.

»Was meinst du, Enzo, eine kleine Probefahrt zu Lisa?«

»Super, das machen wir.«

Der Parkwächter kommt mit einem Schlüssel zurück und will auf die Fernbedienung zum Öffnen drücken.

»Nein, gib mir den Schlüssel.«

Moretti nimmt den Zündschlüssel, schaut zu Peroni.

»Welcher geht auf? Wer verliert, zahlt.«

»Der rechte!«, tippt Peroni.

Moretti drückt auf den Schlüssel. Die Warnblinkanlage des linken Autos leuchtet auf.

»Typisch, immer ich!«, schmollt Peroni. »Dafür darfst du auch fahren!«

Moretti wirft seinem Kollegen den Schlüssel zu und steigt ein. Peroni freut sich, fahren zu dürfen und hat seine Niederlage schon vergessen.

»Commissario!«, ruft der Parkwächter. »Der Wagen muss aber noch einmal kurz in die Werkstatt. Das Blaulicht funktioniert nicht.«

»Das sollen die Mechaniker morgen reparieren«, schreit Moretti beim Hinausfahren zum Fenster hinaus.

Hoffentlich ist das alles, was morgen zu reparieren ist, denkt sich der Parkwächter und schaut den beiden nach.

Die Fahrt nach Umito wird zur echten Spazierfahrt. Gemütlich, mit geöffneten Fenstern und lauter Musik genießen sie die schöne Landschaft und das neue Auto. Etwa ab der Hälfte fragt Peroni seinen Kollegen, ob auch er fahren will, und Moretti nimmt gerne an. Am späten Vormittag kommen sie in Umito an. Der alte Wagen von Sandro steht auf der Straße.

»Aha, unsere Helden sind auch schon da.«

Peroni deutet auf das Auto von Sandro. Alle drei, Lisa, Jonathan und Sandro sitzen im Lokal und essen einen Teller Pasta.

»Ciao! Oooh, wie das duftet!«

»Du kommst genau richtig, Enzo. Setzt euch!«

Lisa springt auf, gibt Moretti einen Begrüßungskuss und geht in die Küche. Moretti greift in seine Hosentasche, nimmt die Geldbörse von Sandro heraus und wirft sie ihm hin.

»Da, gehört dir, habe ich draußen im Hof gefunden!«

»Danke, vielen Dank für alles!«

Sandro und Jonathan strecken ihre Hände zum Dank den beiden Beamten entgegen.

»Für was, ich weiß nichts.«

Moretti und Peroni setzten sich und freuen sich, als Lisa mit der Pasta aus der Küche kommt.

Die beiden Jungs haben verstanden, und das Thema wird sofort gewechselt. Als ob nie etwas gewesen wäre, unterhalten sich die Fünf über dies und das und haben viel Spaß zusammen. Auch Lisa macht endlich wieder einen zufriedenen Eindruck, was Moretti sichtlich freut. Als Lisa von draußen das Geräusch von ankommenden Autos hört, steht sie auf.

»Ich gehe in die Küche. Kümmerst du dich um die Gäste, Sandro?«

»Klar, Mama.«

Es sind acht Beamte der Polizia Forestale. Moretti und Peroni kennen die meisten von ihnen. Alle begrüßen sich freundlich, und die Kollegen fragen, ob sie sich zu den beiden dazu setzen dürfen. Jonathan ist es beim Anblick der Polizia etwas mulmig geworden, und er verzieht sich lieber in die Küche. Es entsteht ein angeregtes und lustiges Gespräch, bei dem es sich um die immer gleichen Themen wie Berlusconi, Fußball und die Frauen dreht. Einer der Beamten will von Peroni wissen, wie es seinem Hund Fila geht und ob er immer noch beim Spazierengehen im Wald rein zufällig Trüffel ausgräbt. Alle lachen bei der Frage, nur Peroni ist verlegen.

»Was kann ich denn dafür? Das hat sie im Blut.«

»Ja, und du die Trüffel in deiner Pasta!«

Wieder lachen alle und prosten Peroni zu. Der lacht nun auch mit und winkt Sandro zu sich.

»Sandro, bring uns eine Flasche Noccino, ich habe Geburtstag gehabt.«

»*Auguri*«, bekommt er achtfach zugerufen und noch ein Ständchen gesungen. Die Stimmung ist ausgelassen, alle haben ihren Spaß, und lassen sich das gute Essen schmecken. Die Zeit vergeht natürlich viel zu schnell.

»Sandro!«, ruft Peroni. »Bring uns allen einen Kaffee und mir die Rechnung. Geht alles auf mich!«

»Eins muss ich euch noch schnell erzählen …!«

Der Ranghöchste der Polizia Forestale, Enrico Russo, schaut zu Peroni und Moretti und beginnt zu erzählen.

»Passt auf, was wir heute erlebt haben. Wir haben einen Anruf von Wanderern bekommen, dass oben im Wald bei San Giacomo ein erschossener Hirsch liegen soll.«

»Nein, unglaublich!« Moretti gibt sich ganz überrascht.

»Also, wir sind raufgefahren, und tatsächlich: ein junger Hirsch, erschossen von Wilderern. Anscheinend wieder die Typen, die uns schon die ganze Zeit beschäftigen. Aber das ist nicht das Komische, hört zu. Wir haben festgestellt, dass der Fundort nicht der Schussort ist. Der liegt circa fünfzig Meter weiter südlich. Und jetzt kommt's! Wisst ihr, was wir noch gefunden haben?«

»Was denn?« fragt Peroni aufgeregt, und überlegt schnell, was sie wohl dort liegen gelassen haben.

»Ein Navi.«

»Was?«, fragt Moretti nach.

»Ja, ein Navi, und Lello, der kennt sich mit dem Zeug aus. Lello, erzähl mal was du entdeckt hast!«

Lello, ein junger Beamter, der mit der modernen Elektronik gut vertraut ist, ergreift das Wort. »Also, wir haben anhand der automatisch aufgezeichneten Route festgestellt, dass der Hirsch bewegt wurde. In Richtung Norden. Oder besser gesagt von Teramo nach Ascoli. Fünfzig Meter auseinander. Ist doch komisch, oder? Da wollte jemand, dass wir Arbeit bekommen!«

»Ja, ich weiß nicht …« Moretti tut ganz ahnungslos.

»Aber jetzt kommt's!«, fährt Lello fort.

»Das Gerät wurde schon ein paar Mal benutzt, unter anderem auch in Teramo.«

Peroni wird zunehmend blasser. Lello, der jetzt voll in seinem Element ist, spricht mit erhobenen Zeigefinger weiter.

»Ich denke, dass der oder die Besitzer das Navi in Teramo gekauft haben und von zu Hause aus ausprobiert haben. Wir brauchen jetzt nichts anderes zu tun, als die gespeicherten Punkte zu analysieren, und sind an der Haustüre der Wilderer. Wenn wir im Büro sind, erledige ich das sofort im Internet.«

»Genial.« Moretti fällt nichts anderes ein.

Peroni ist gedanklich schon voll bei der Rekonstruktion seiner gelaufenen Strecke in Teramo, kann sich aber vor lauter Aufregung nicht konzentrieren, steht auf und geht in die Küche. Er begleicht die Rechnung bei Lisa und lässt sich nichts anmerken. Moretti kommt auch dazu, verabschiedet sich bei Lisa und den Jungs.

»Komm, Enzo, ich glaube wir haben was zu tun. Ich melde mich, Ciao zusammen!«

Moretti und Peroni verabschieden sich draußen auf der Straße von ihren Kollegen. Die beglückwünschen die beiden noch zu ihrem neuen Auto und salutieren, bis sie nicht mehr zu sehen sind.

»So, Enzo, jetzt überleg mal. Wo bist du mit dem Navi herumgelaufen? Können die von der Forestale damit was anfangen?«

»Ich überleg ja schon die ganze Zeit!«

Peroni fasst sich an die Stirn und grübelt. Nach ein paar Minuten verkündet er: »Ich hab's, die ganze Runde.«

»Dann schieß los!«

» Also: Ich war in der Questura und hab meine Uniform geholt, meine Frau wollte sie waschen. Der Questore hat mich gesehen und mich um eine Gefälligkeit gebeten.«

»Was denn?«, fragt Moretti neugierig.

»Er hat mir ein Kuvert gegeben, ohne Aufschrift, und hat mich gebeten, ob ich es zur … zur … nein, der Name der Straße fällt mir jetzt nicht mehr ein …«

»Ist doch egal. Von wo ab hast du das Navi eingeschaltet?«

»Eigentlich wollte ich es von der Questura aus einschalten, habe es aber vergessen und erst am Briefkasten in Betrieb genommen, als ich das Kuvert eingeworfen habe. Und stell dir vor, wer da wohnt!«

»Weiß ich doch nicht, sag's!«

»Dein Freund, Staatsanwalt Calda!«

»Aha!« Moretti schmunzelt. »Und weiter, wo bist du dann hin?«

»Dann bin ich zurückgegangen, ins Zentrum. Ins Waffengeschäft, unten an der Brücke.«

»Was wolltest du im Waffengeschäft?«

»Dir kann ich's ja sagen. Ich habe vor einigen Monaten meine Dienstpistole gereinigt und geölt. Dabei habe ich festgestellt, dass ich meine gesamte Munition nicht mehr finde. Keine Ahnung, wo ich die Kugeln versteckt habe. Da wollte ich mir welche im Waffengeschäft besorgen. Du weißt ja, wenn ich zu unserer Waffenkammer gehe, gibt es Ärger, die wollen doch wissen, wo die Kugeln geblieben sind. Aber der im Geschäft hatte das Kaliber nicht da, dann bin ich weiter.«

»Okay, du bist also von Calda zum Waffengeschäft!« Moretti kann seine zunehmende Freude nicht unterdrücken und lacht.

»Genau, und dann bin ich einkaufen gegangen.«

»Ach so, na ja, weniger spannend …«

Moretti grinst aber immer noch. Er stellt sich schon vor, wenn die Polizia Forestale von Ascoli in Begleitung der hiesigen Beamten bei Calda vor der Türe steht.

»Ja, zu meinem Lieblingsmetzger, der das ausgezeichnete Wildfleisch hat. Luisa wollte ein schönes Stück Wildschwein.«

79

Jetzt lacht Moretti noch mehr.

»Ja, und dann bin ich noch runter, bis ins Gewerbegebiet, zum großen Parkplatz.«

»Da, wo das Bordell ist?«

»Ja, genau, und da habe ich es ausgeschaltet. Ich wusste nicht, dass die Touren sich automatisch speichern. Tut mir leid, Mario!«

Moretti dreht sich zu Peroni und drückt ihm ein dickes Bussi auf die Backe. Jetzt grinst auch Peroni, denn offenbar hat er endlich verstanden.

»Ah, der Groschen ist gefallen! So ein böser Dottore!«.

Peroni und Moretti stellen das Auto unbeschädigt in der Questura ab.

»Komm, Enzo, ich lade dich auf einen *caffè* ein!«

»Oh, wie großzügig.«

Die beiden schlendern zufrieden durch die Fußgängerzone, schauen in die Schaufenster und unterhalten sich. Da fällt Moretti ein, dass er Peroni noch gar nicht gesagt hat, dass sie übermorgen frei haben. Peroni freut sich über die Nachricht und macht Moretti den Vorschlag, ob sie zusammen eine schöne Tour in die Berge machen wollen.

»Gute Idee. Vielleicht Castelluccio.«

»Einverstanden, und meinen Hund nehme ich auch mit.«

»Prima, dann ist unser Abendessen auch gesichert«, grinst Moretti Peroni zu.

»*Stronzo!*«

»Selber *stronzo!*«

Es ist angenehm warm, und die beiden setzen sich draußen an einen freien Tisch. Der Ober bringt ihnen zwei Kaffee und ein paar Teilchen. Peroni schiebt sich eine Süßigkeit nach der anderen hinein. Moretti begnügt sich mit dem Kaffee.

»Schau mal, Mario, in der Bar steht Simona, die ist ja beschäftigt!«

Simona erzählt zum wiederholten Mal, wie sie den zur Fahndung ausgeschriebenen Pickup sichergestellt und eigenhändig in die Questura gebracht hat.«

Peroni und Moretti gönnen ihr den Fahndungserfolg. Endlich mal etwas anderes, als immer nur Strafzettel zu schreiben.

»Mario, kommst du mit zu uns? Luisa würde sich sicher freuen, dich zu sehen. Es gibt Reh mit Gnocchi und Gemüse.«

»Danke, Enzo, aber die Worte Reh oder Hirsch kann ich zur Zeit nicht hören und erst recht nicht essen. Aber danke.«

Da ertönt die Nationalhymne in Peronis Hosentasche. Er schaut auf das Display und zuckt zusammen. »Mensch, ein Notruf aus der Questura!«

»Dann geh halt ran!«

»*Pronto,* Peroni hier!«

Peroni hört gespannt zu, und nach ein paar Sekunden ist alles gesagt. Er legt auf, springt hoch. »Schnell Mario, ein bewaffneter Überfall auf ein Blumengeschät in der Viale Giovanni Bivio!«

Beide rennen auf die Piazza Richtung Questura und sehen schon andere Einsatzfahrzeuge zum Einsatzort fahren.

»Wetten, Mario, wir sind mal wieder die Letzten!«

»Lauf, komm schnell, lauf!«

Die beiden rennen wie der Teufel, zwischen den Autos durch, über die Straßen und Plätze. Nach drei, vier Minuten erreichen sie die Questura.

»Schnell, sperr auf!«

Peroni steht vor dem verschlossenen Auto.

»*Porca miseria,* der Schlüssel!«

»Nein, Enzo, ich glaub's nicht! Du Idiot!«

Peroni dreht um, läuft los und ruft noch zurück: »Bin gleich wieder da.«

Moretti greift sich an den Kopf und setzt sich schnaufend auf die Kühlerhaube. Peroni rennt, so schnell er kann, unterbietet die Zeit zurück zur Bar noch einmal um eine halbe Minute. Er sieht seine Jacke über dem Stuhl hängen, reißt sie runter und dreht wieder um. In diesem Moment kommt ein Inder auf seinem Fahrrad angefahren. Hinten in seinem Korb liegen zwanzig oder dreißig Rosen. Peroni reißt ihm das Fahrrad aus den Händen.

»Ich bin von der Polizei, ich brauch dein Rad. Hole es dir später in der Questura ab!«

Der Inder versteht die Welt nicht mehr und lässt alles widerstandslos über sich ergehen. Peroni radelt wie verrückt zurück. Moretti wartet immer noch auf der Kühlerhaube sitzend auf Peroni, als Simona mit ihrem Dienstroller in die Questura einfährt. Moretti springt auf.

»Simona, Amore, presto al Viale Giovanni Bivio.«

Schon sitzt Moretti hinter ihr, Simona dreht gekonnt um und schießt zur Straße. In dem Moment, als Simona hinausrast, kommt ihnen Peroni auf dem Rad entgegen, ebenfalls in einem Affentempo. Simona macht eine Vollbremsung, sofort zieht es ihr das Vorderrad weg, und sie krachen auf die Straße. Peroni bleibt am Hinterrad des Rollers hängen und fliegt im hohen Bogen über die beiden. Die Rosen regnen auf sie herab. Moretti greift sich an die Nase, und merkt, dass er blutet. Simona fängt an zu weinen. Peroni schaut auf das Fahrrad, die Lampe fehlt, es hat einen Riesenachter im Vorderrad und ein abgebrochenes Pedal. Eine schwarze Limousine mit Blaulicht prescht vorbei, bleibt aber nach ein paar Meter stehen, rollt langsam zu den am Boden sitzenden Beamten zurück. Das Fenster öffnet sich, und heraus schaut der Kopf von Dottor Calda. Mit einem fiesen Grinsen wendet er sich an Moretti: »Na, Commissario, das Bewegen von Fahrzeugen ist scheinbar nicht Ihre starke Seite. Vielleicht sollten sie es mehr im Innendienst probieren.«

Moretti wischt sich über die blutverschmierte Nase, denkt an das Navi von Peroni und kann sich so einen Wutanfall verkneifen. Calda lässt das Fenster wieder nach oben und fährt davon. Moretti steht auf und begutachtet seine Hose. Aufgerissen, abgeschürft, sein Hemd blutverschmiert. Peroni geht es auch nicht besser. Hose kaputt, Hemd zerrissen und aufgeschürfte Hände. Nur Simona hat den Sturz einigermaßen schadlos überstanden, ihr Roller ist allerdings stark beschädigt. Moretti nimmt kurz Blickkontakt zu Peroni auf.

»Ich geh nach Hause, ihr könnt mich mal, alle!«

Der Inder ist inzwischen auch angekommen, er sieht sein Fahrrad am Zaun lehnen, seine Rosen liegen auf der Straße verstreut. Schimpfend und fluchend, was allerdings keiner versteht, sammelt er die Rosen ein und legt sie in seinen Korb. Mit dem Vorderrad in der Luft schiebt er sein Fahrrad davon. Peroni kümmert sich um Simona und um ihren Roller. Mit Tränen in den Augen schaut sie Peroni an. »Enzo, meinst du, dass er mir böse ist?«

»Wer, der Inder?«

»Ach, du bist blöd. Mario natürlich!«

»Nein, nicht wirklich, er mag dich doch. Vielleicht wäre es bloß für die nächsten Tage besser, wenn du …«

»Wenn ich ihm aus dem Weg gehe, oder?«

»Ja, denke schon …«

Peroni nimmt Simona in den Arm, drückt sie ein wenig. Zusammen schieben sie den Roller vor die Werkstatt.

»Die kriegen den schon wieder hin.«

Peroni verabschiedet sich von Simona und geht ebenfalls nach Hause. Luisa, seine Frau, schlägt die Hände über ihrem Kopf zusammen, als sie ihren Mann sieht. Der verschwindet sofort im Bad.

Auch Moretti lässt sich ein Bad einlaufen, schaltet das Radio ein und legt sich in das heiße Wasser. Es ist ein Regionalsender, und es dauert nicht lange, bis sie von dem Überfall berichten. Es heißt, ein Drogensüchtiger habe das Blumengeschäft überfallen, sei aber kurze Zeit später in der Nähe des Tatortes überwältigt worden. In einem Interview sagt der leitende Staatsanwalt, Dottor Calda, er sei mit der Polizeiarbeit sehr zufrieden, denn wie immer könne er sich auf die gleichen guten Polizeibeamten verlassen.

Moretti verbringt einen ruhigen, angenehmen Abend. Vor Mitternacht geht in seiner Wohnung das Licht aus.

Am nächsten Morgen um sechs Uhr läutet der Wecker, doch Moretti ist bereits wach und im Bad. Um halb sieben verlässt er seine Wohnung, kommt aber fünf Minuten später wieder zurück, weil er natürlich seine Dienstwaffe vergessen hat. Nach dem Frühstück in der »Bar Italia« ist Moretti pünktlich um sieben Uhr in der Questura. Peroni und Renzo Rizzo unterhalten sich im Treppenhaus, als der Commissario dazukommt.

»Ciao, Renzo, schön dich wieder einmal zu sehen. Gut siehst du aus, durchtrainiert wie eh und je. Immer noch kein Alkohol, keine *dolci?*«

»Hallo! Ja, genau, immer noch alles wie früher. Wie geht's dir?

»Alles in Ordnung. Und wie geht es dir heute, Enzo?«

»Gut, ich freu mich auf den Tag.«

Ihre Unterhaltung wird kurzfristig unterbrochen, als Signorina Uccello vom ersten Stock heruntermarschiert und direkt auf die drei Polizisten zusteuert.

»*Buon giorno,* die Herren. Schön, Sie auch einmal so zeitig in der Questura zu sehen. Da haben sie ja mal Zeit, Ihren Schreibtisch in Ordnung zu bringen.«

»Würden wir sehr gerne tun, aber Sie wissen ja, wir müssen nach San Benedetto, zur Schießübung, die Sie uns freundlicherweise für acht Uhr Morgens organisiert haben«, reibt Moretti ihr unter die Nase.

»Genau deshalb bin ich gekommen. Ihr Termin hat sich verschoben, auf drei Uhr Nachmittag. Tut mir leid. Ich habe es zwar gestern schon erfahren, aber Sie wissen ja, der Stress, die viele Arbeit, da kann man schnell mal was vergessen«, erwidert die Signorina schnippisch, doch Moretti lässt sie abtropfen und sagt, mit der Büroarbeit würde es trotzdem nichts, sie hätten noch eine Ortsbesichtigung.

»Um diese Hexe müssen wir uns mal kümmern«, ist das Erste, was er draußen im Hof von sich gibt.

Peroni stellt Rizzo gleich vor vollendete Tatsachen »Renzo, wir fahren mit dir mit. Geht das in Ordnung?« Sie wissen zwar, dass sie erst um drei Uhr den Termin haben, sind sich aber darin einig, die Questura schnellstmöglich zu verlassen. Rizzo fährt auch einen Alfa, ein altes Baujahr, und so muss Peroni beim Hinausfahren seinem Kollegen natürlich noch schnell ihren neuen Alfa zeigen. Rizzo gratuliert ihnen und fragt nach, ob denn die Geschichten, die man sich über die beiden in Bezug auf die Unfälle erzählt, der Wahrheit entsprechen, was Moretti und Peroni bestätigen. Mit Abstand betrachtet, finden sie die Erlebnisse jedoch lustig, und Peroni erzählt während der Fahrt seinem Kollegen alles ganz genau.

»Ich freue mich auf den Hafen. Was meint Ihr, machen wir einen schönen Spaziergang am Meer«, wechselt Moretti das Thema, und die beiden anderen sind mit Morettis Vorschlag sofort einverstanden. Rizzo kennt sich genau wie seine Kollegen gut aus in San Benedetto. Er fährt auf den großen Parkplatz am Leuchtturm. Von dort aus haben sie es nicht weit zum Meer, zum Hafen und zum Zentrum. Gemütlich schlendern sie die Promenade entlang und plaudern über die Arbeit. An einer der vielen Strandbars trinken sie einen Kaffee und schauen entspannt auf das Meer hinaus. Nur Peroni wird langsam etwas ungeduldig und sieht in immer kürzeren Abständen auf seine Uhr.

Moretti bemerkt das natürlich. »Na, Enzo, der Hunger ist schon gemein.«

Peroni zuckt mit den Schultern. In der Tat ist es schon wieder bald Essenszeit.

»Wo gehen wir hin?«, fragt Moretti. »Fisch natürlich, oder was wollt ihr?«

Sein Vorschlag gefällt auch den anderen.

»Sollen wir zu ›Nudo e Crudo‹?«

Alle nicken begeistert, Peroni springt sofort auf und bezahlt die Kaffees

»Fertig, wir können gehen.«, ruft er Moretti und Rizzo zu, die noch immer entspannt auf ihren Stühlen sitzen und aufs Meer schauen.

»Komm, Renzo, wenn der Sergente Hunger hat, wird er unausstehlich«, scherzt Moretti.

Peroni hat es eilig und läuft immer einige Meter voraus. Nach zehn Minuten haben sie das Ristorante erreicht. Es liegt direkt am Wasser. Über allem liegt der typische Hafengeruch, nach Metall, verbranntem Diesel aus den unzähligen Fischerbooten und Fisch, ein Geruch, den man mag oder scheußlich findet. Das »Nudo e Crudo« ist ein einfaches Ristorante, man sitzt nur draußen auf Plastikstühlen an Plastiktischen. Gerade mittags ist immer sehr viel los. Auch heute sind die Tische alle belegt. Das ist aber kein Problem, Moretti und Rizzo holen einen Holztisch und zwei Holzbänke, und stellen diese an einem schönen Platz mit Sicht auf die Schiffe in der Sonne auf. Peroni steht schon vor der großen Kühltheke und sucht die Vorspeisen aus. So ziemlich von allem lässt er sich auf einige Teller geben und bringt sie nach und nach zum Tisch. Moretti hat inzwischen für Getränke gesorgt, aus dem Kühlschrank hat er Wasser und einen ausgezeichneten *vino bianco* geholt. Rizzo kümmert sich um Brot und Besteck, und dann können sie beginnen. Die erste Flasche Wein hält nicht lange, und Peroni holt eine zweite Flasche. Die drei sind bereits eine gute Stunde mit den Vorspeisen beschäftigt, als Francesco, der Wirt, die fertige Pasta zur Abholung ausruft. Peroni ist selbstverständlich der Erste, der mit den Tellern herauskommt. Rizzo, der selbst keinen Wein trinkt hat, in der Zwischenzeit noch eine Flasche geholt, erinnert aber kurz daran, dass sie am Nachmittag noch was zu tun haben. Moretti und Peroni, schon leicht angeheitert, sehen das aber nicht sehr problematisch.

»Peroni trifft nüchtern genausowenig, und mir ist es eh egal«, erwidert Moretti auf den Hinweis von Rizzo. Nach der Pasta bestellt Peroni noch eine *frittura* für die drei. Im Gegensatz zu Moretti ist er vom *vino* schon ziemlich beschwipst was sich in der nächsten Viertelstunde dramatisch steigert, und so essen Moretti und Rizzo die *frittura allein, während* Peroni für Stimmung sorgt und Lieder von

Celentano, Peppino di Capri und Lucio Dalla zum Besten gibt, dem er auch äußerlich sehr nahe kommt. Beim Finale eines Liedes von Dalla lehnt er sich so weit zurück, dass er von der Bank fällt. Als er sich wieder aufrappelt, bekommt er Applaus von allen Seiten.

»*Oddio*, Mario, es ist halb drei. Wir müssen rüber zum Schießen. Ich geh schon mal rein zum Zahlen. Kümmere dich um Enzo.«

Moretti nimmt Enzo fest am Arm und geht. Rizzo holt sie ein, und gemeinsam ziehen sie Peroni zum Auto. Rizzo fährt zur Questura, neben der sich das Gebäude mit dem Schießstand befindet. Im Eingangsbereich ergreift Moretti die Initiative: »Renzo, nimm Enzo und geh vor zu den Schießkabinen. Schau, dass euch niemand sieht. Gib mir deinen Dienstausweis.«

Während Rizzo nach seinem Ausweis sucht, zieht Moretti Enzo seinen Ausweis aus der Tasche. Mit den Ausweisen geht er ins Anmeldezimmer.

»*Buon giorno*, Moretti mein Name. Ich hole die Schießscheiben und die Munition für Moretti, Peroni und Rizzo. Wir sind für drei Uhr angemeldet.«

Der Beamte hinter der hohen Theke, nimmt die Ausweise und schreibt die drei in die Anwesenheitsliste ein. »Können die anderen nicht selber kommen?«, fragt er etwas verdutzt.

»Die mussten beide auf die Toilette. Es ist ja ziemlich weit von Teramo hierher.«

Moretti greift sich die Schießscheiben und die Munition und dreht sich zur Türe.

»Kabinen acht, neun und zehn.«

»*Grazie.*«

Moretti läuft zu den Kabinen, wo Rizzo und Peroni bereits warten. Gemeinsam bringen sie Peroni in die Kabine neun und setzen ihn auf den einzigen Stuhl in der Kabine. Seine Arme legen sie auf den kleinen Tisch, der vor ihm steht. Moretti gibt Rizzo seine Schießscheiben und die Kugeln. Die Kugeln von Peroni nimmt Moretti vorsichtshalber mit. Rizzo geht in die Kabine acht und Moretti in die zehn. Er steckt die erste Zielscheibe auf und lässt sie nach vorne fahren. Schnell schießt er das erste Magazin leer. Die zweite Scheibe ist die wichtige, ab jetzt gilt's. Kaum ist die Scheibe vorne, hat Moretti zum zweiten Mal die Waffe geladen und schießt drauflos. Das Magazin ist in ein paar Sekunden leer. Als er die Karte zurückholt, traut er seinen Augen nicht. Alle Kugeln sind voll ins Schwarze gegangen, ein Treffer schöner als der andere. Die Probescheibe schmeißt er in den Abfalleimer, mit der anderen geht er hinaus. Leise öffnet Moretti die Türe zu Peronis Kabine. Der schläft seelenruhig und schnarcht. Moretti nimmt die beiden Schießscheiben von Peroni und wartet vor der Kabine auf Rizzo. Als der kurze Zeit später aus seiner Kabine kommt, nimmt Moretti auch seine Schießkarte und geht wieder ins Anmeldebüro zurück. Rizzo zieht Peroni aus seiner Kabine und bringt ihn zum Ausgang.

Moretti betritt das Büro. »Da bin ich wieder!«, ruft er und legt die beiden unbenutzten Scheiben von Peroni und die kleine Schachtel mit der Munition auf die Theke.

»Was soll das?«, fragt der Beamte.

»Das sind meine Scheiben. Ich war heute Morgen beim Augenarzt. Der hat mir Tropfen in die Augen getan. Ich sehe auf die Entfernung nichts. Tut mir leid, da muss ich wohl noch einmal kommen.«

Leicht angesäuert nimmt der Beamte die Karten und die Kugeln entgegen. Jetzt legt Moretti die beiden anderen Scheiben auf die Theke mitsamt den leeren Schachteln.

»Wem gehören diese Scheiben? Ach ja, die sind ja beschriftet. Renzo Rizzo.«

Der Kollege nimmt die Karte, wertet sie in einem speziellen Gerät aus und trägt die Punkte in einen Bewertungsvordruck ein. Rizzo ist ein mittelmäßiger Schütze. Als der Beamte die Scheibe von Moretti mit der Aufschrift »Peroni« nimmt, staunt er nicht schlecht.

»So was habe ich noch nie gesehen. Das ist ja unmöglich!« Er legt die Karte ein und sieht eine fast hundertprozentige Trefferanzeige.

»Ja, so ist er, unser Kollege Peroni. Der war schon immer ein Superschütze.«

Moretti beugt sich nach vorne und und spricht leise zu dem noch immer ungläubig schauenden Beamten. »Peroni war mal Scharfschütze. Ein ganz harter Hund.«

»Aaah, ja dann. Aber wo ist er denn, wieder auf der Toilette?«

»Nein, er musste gleich wieder weg. Sondereinsatz, eine Schießerei, verstehen Sie?«

Der Beamte nimmt die Scheibe noch einmal in die Hand und geht zum Fenster. Er hält die sie gegen das Licht und schaut sie sich ganz genau an. Blitzschnell beugt sich Moretti über die Theke und nimmt eine Schachtel mit fünfzig Kugeln an sich, schiebt sie in seine Jackentasche.

»Unglaublich, also wirklich. Ich bin jetzt zwanzig Jahre hier, aber so etwas habe ich noch nie gesehen.« Der Kollege trägt das Ergebnis in das Protokoll von Peroni ein und gibt es Moretti.

»*Buon giorno.*« Moretti salutiert noch kurz und verlässt das Büro. Rizzo hat Peroni in der Zeit schon ins Auto gelegt und wartet. Moretti steigt ein und gibt Rizzo sein Protokoll.

»Los, fahr!«

Als sie aus dem Tor hinaus fahren, hat Peroni sich gerade aufgerichtet und hängt seinen Kopf zum Fenster hinaus.

»*Voooolare*«, grölt er.

»Enzo, halt dein Maul!«

Moretti zieht ihn wieder zurück. Oben aus dem Bürofenster hat der Beamte vom Schießbüro zusammen mit einigen anderen Mitarbeitern die Situation mitverfolgt. Alle schauen sich entgeistert an.

»Die Abruzzesen sind schon ein lustiges Volk!«, so der Kommentar von einem der Beobachter, dann kehren sie in ihre Büros zurück.

In Teramo bringen sie Peroni nach Hause. Sie stellen ihn in den Aufzug, lassen ihn hochfahren und klingeln bei seiner Wohnung, damit seine Frau ihn gleich in Empfang nehmen kann. In der Questura angekommen, läuft Moretti mit dem Protokoll von Peroni nach oben zu Signorina Uccello. Er klopft an und geht hinein. Die Signorina sitzt am Schreibtisch. Er legt ihr das Protokoll von Peroni vor und erklärt ihr dann, nachdem Peroni und Rizzo geschossen hätten, habe die Schießanlage auf Störung geschaltete und er somit nicht mehr schießen können. Etwas ungläubig schaut der Vorzimmerdrache Moretti an. »Wer's glaubt …«

»Es ist so, Signorina. Bei der nächsten Möglichkeit bin ich dort, versprochen. Aber schauen sie sich doch mal das Protokoll von Peroni an.«

Moretti deutet auf das Ergebnis.

»So etwas haben die da noch nie gesehen.«

»Respekt, das hätte ich dem Knaben gar nicht zugetraut.«

»Na, da sehen sie mal, Signorina.«

Doch jetzt kommt Moretti zu seinem eigentlichen Anliegen.

»Signorina, es ist wichtig, es geht um die Beförderung von Peroni.«

Könnten Sie bitte veranlassen, dass dieses Protokoll schnellst möglich zum Beförderungsausschuss kommt? Heute oder spätestens Morgen. *Grazie.*«

Uccello unterbricht Moretti. Sie nimmt ein großes Kuvert und zeigt es Moretti.

»Schauen sie, das gehört auch zu Peroni. Ein acht Seiten umfassender Bericht einer sehr angesehenen Person aus Teramo. Sie macht sich stark für eine Beförderung von Peroni. Ich lege das Protokoll dazu.«.

»Danke, Signorina, vielen Dank.«

Moretti ist bereits wieder auf dem Rückzug und ist erleichtert, als er die Türe von außen schließen kann.

In der »Bar Italia« herrscht Hochbetrieb, Moretti bestellt sich an der Bar einen *caffè*. Es sind wie immer die gleichen Besucher zur dieser Zeit. Moretti plaudert hier und plaudert da, und so kommen nach dem Kaffee noch einige Gläser *vino bianco* dazu. Eigentlich wollte er schon zu Hause sein, aber es tauchen immer neue Bekannte und Freunde in der Bar auf, und so verstreicht die Zeit. Als Moretti kurz vor Mitternacht sein Handy aus der Tasche holt, um nach der genauen Uhrzeit zu sehen, sind auf dem Display sieben versäumte Anrufe angezeigt. Die Nummer kennt Moretti nicht, aber seine Neugier lässt ihm keine Ruhe, und er ruft zurück. Es meldet sich Enrico Russo von der Polizia Forestale in Ascoli. Moretti entschuldigt sich für die späte Zeit, Russo ist aber sehr dankbar für den Rückruf. Er erklärt Moretti, die Nachforschungen hätten ergeben, dass der Ausgangsort des Navigationsgerätes in Teramo einem Grundstück zugeordnet werden könne, in dem eine Person von nicht unbedeutendem Rang wohne. Moretti, der sich inzwischen im Freien ein ruhiges Plätzchen gesucht hat, gibt den Ahnungslosen und möchte von Russo wissen, wer denn diese Person sei.

»Mario, es ist ein Staatsanwalt von euch. Dottor Fabrizio Calda. Du hast ihn doch bestimmt schon mal bei Gericht oder an einem Tatort getroffen?«

»Na, das ist ja nicht schlecht, unser Dottor Calda. Enzo und ich hätten ihn vor ein paar Tagen fast komplett getroffen, äh, aber ansonsten, nein. Ich habe zwar gehört. dass er ein arroganter Kerl sein soll und ein schwieriger Zeitgenosse …«, Moretti überlegt es sich anders und bringt es kurz und knapp auf den Punkt: »Also, Enrico, er ist ein *stronzo,* und zwar der größte, der im Gericht herumläuft!«

»Aha, das ist jetzt eine präzise Aussage. Wir müssen also vorsichtig sein!«

»Viel ausrichten werdet ihr sowieso nicht bei ihm zu Hause, aber erschrecken könntet ihr ihn natürlich schon!«

»Wie meinst du das, Mario?«

»Na ja, er wird euch sicher nicht reinlassen, aber ihr solltet vor seinem Haus großes Kino machen. So drei, vier Fahrzeuge mit Blaulicht und Scheinwerfern und zehn, zwanzig Uniformierte. Das wird ihm sicherlich ein paar schlaflose Nächte bereiten. Wenn er wirklich was mit der Wilderei zu tun hat, lässt er es hinterher sicherlich bleiben.«

»Das ist eine gute Idee, und wenn die von euch noch mit dabei sind, wird das ja ein schönes Spektakel. Aber weißt du, ich möchte nicht, dass es die ganze Öffentlichkeit erfährt. Wir machen das in einer Art Blitzaktion. Hinfahren, erschrecken und wieder fahren.«

»Klar, es soll ja für ihn nur ein Schock sein. Wann denkst du, dass ihr dort sein werdet? Ich würde euch so um sechs Uhr abends empfehlen, da ist er sicher zu Hause.«

»Denk ich auch, das ist eine gute Zeit. Kollege, ich danke dir. Wir sehen uns ja sicher bald wieder, bei Lisa. Dann erzähl ich dir, wie es war.«

»Genau, wir sehen uns. Ciao Enrico.«

»Ciao, Mario.«

Moretti legt auf und sucht in seinem Telefonbuch, findet auch gleich die gesuchte Nummer und ruft an.

»Hallo?«

»*Pronto,* Lucia, ich bin's Mario, wie geht es dir und Stefano?«

»Mario, bist du betrunken oder blöd? Um Mitternacht erkundigst du dich nach unserem Gesundheitszustand?«

»Entschuldige. ich wollte dir eigentlich nur mal so ein kleines Geschenk machen, eine Story für die Zeitung.«

»Ach so? Schön, dass du anrufst, ich höre!«

»Also, morgen Nachmittag gibt es eine Razzia bei einem Staatsanwalt in Teramo.«

»Das ist ja ein dickes Ding. Wer und wo?«

»Bei Dottor Calda. Die Adresse musst du selber rausfinden.«

»Kein Problem. Worum geht's?«

»Wilderei.«

»Wilderei? Ist ja lustig, aber sicher nicht für Calda. Ich kenn ihn, ein ausgesprochener *str...*«

Moretti unterbricht Lucia. »Genau, das ist er. Noch was, du kennst doch sicher auch ein paar Leute vom Regionalfernsehen, nimm sie auch mit. Aber ich bin raus aus der Geschichte, verstanden?«

»Aber, ich bin doch nicht doof und nenne meinen besten Informanten!«

»Okay, dann schlaf weiter und grüße Stefano von mir. *Buona notte.*«

»Ciao, Mario. Danke«

Moretti schaltet sein Handy ab und geht wieder zurück in die Bar. Er bezahlt und spaziert anschließend durch den Park nach Hause. Zufrieden mit sich und der Welt legt er sich schlafen.

Es ist kurz vor Sonnenaufgang. Die Vögel geben ihr Morgenkonzert, Moretti blinzelt im Halbschlaf auf den Wecker. Fünf Uhr und zehn Minuten. Das rechte Auge ist zu, mit dem Linken schaut er auf das große Bild gegenüber von ihm. Es ist ein gerahmtes Foto vom Corno Grande. Im Glas reflektiert in kurzen Abständen ein blaues Licht. Blaulicht, Polizei, Feuerwehr, Krankenwagen. Moretti schleppt sich neugierig zum Fenster.

»Ciao, Mario, komm runter. Wir fahren doch nach Castelluccio.«

»Idiot, schalt die Lichtorgel aus. Ich komme gleich.«

Moretti schüttelt den Kopf, fährt sich mit den Händen durch die Haare, geht ins Bad und brummelt vor sich hin: »Wie kann der denn schon wieder so fit sein nach seinem Totalausfall von gestern?«

Im Bad ist Moretti gleich fertig, der Rucksack wird noch schnell mit dem Notwendigsten gepackt. Ein paar Minuten später sitzt er im Auto. Der Rucksack landet auf der Rückbank, dann wird Fila, der Hund, begrüßt. Moretti dreht die Rückenlehne ganz zurück und streckt sich aus.

»Fahr und weck mich, wenn wir da sind!«

»Zu Befehl, Commissario.«

Peroni stellt das Radio auf Radio Italia und fährt los. Erst nach Ascoli Piceno und dann über auf der ss 4 nach Arquata del Tronto. Die ganzen achtzig Kilometer schlafen Moretti und Fila. In Arquata geht es dann noch circa dreizehn Kilometer bergauf, bis zum *Rifugio degli Alpini*«. Vorher braucht Peroni aber eine Stärkung. Die Bar an der Abzweigung kennt er gut. Er parkt gegenüber, um das Auto im Blick zu haben. Einen Cappuccino und zwei Brioche, das dürfte für die Auffahrt genügen. Peroni geht zum Auto zurück, weder Moretti noch der Hund haben von der Pause etwas mitbekommen. Jetzt macht die Fahrt erst so richtig Spaß. Eine Kurve nach der anderen, immer weiter Richtung Gipfel. Einige Kilometer nach Arquata bleibt Peroni an einem Waldrand stehen. Er öffnet die hintere Türe, und Fila springt sofort aus dem Auto. Peroni geht um das Auto herum, reißt die Türe auf und schreit Moretti an:»Aufstehen, Gassi gehen!«

Moretti kommt ganz langsam zu sich und ist sauer, dass Peroni ihn jetzt schon aufweckt.

»Ich hab gesagt, wenn wir da sind!«

»Sind wir. Los steig aus, Fila ist schon unterwegs.«

Peroni nimmt aus dem Kofferraum eine Stofftasche und einen kleinen Klappspaten heraus. Moretti, der jetzt auch ausgestiegen ist, sieht Peroni und grinst.

»Nur so. Fila könnte ja vielleicht über einen Trüffel stolpern.«

»Vielleicht gibt es ja auch Steinpilze!«

»Und die graben wir dann aus!«

Moretti zeigt Peroni einen Vogel und geht langsam zum Waldrand. Fila springt aufgeregt herum, in guter Vorahnung dass es jetzt losgeht. Peroni schließt den Wagen ab und geht den beiden nach. Es ist ein wunderbarer Morgen, das Gras ist noch feucht, und es duftet nach tausend Blumen und anderen Pflanzen. Sie laufen weiter in den Wald, und es dauert nicht lange bis die ersten Steinpilze in die Stofftasche wandern.

»Fila, wo bist du?«

Peroni hat den Blickkontakt zu seiner Hündin verloren und geht schnell in die Richtung, wo er sie zuletzt gesehen hat.

»Ja, Fila, was machst du da?«

Moretti weiß genau, was jetzt kommt. Peroni schimpft Fila, weil sie zu graben beginnt, schaut ihr aber seelenruhig dabei zu. Genau so kommt es auch: Fila gräbt, Peroni wartet. Moretti weiß bis heute nicht, wie Peroni den Zeitpunkt erkennt, an dem er dann einschreitet und die Trüffel aus dem Loch holt. Er kratzt noch zwei, dreimal mit dem kleinen Spaten, dann hat er einen hühnereigroßen Trüffel in der Hand. Dieses Schauspiel wiederholt sich mehrere Male, bis Peroni genug hat.

»So, jetzt fahren wir weiter. Oder was meinst du, Fila?«

»Ja, ja, Fila, dein Papa hat die Tasche voll, jetzt können wir wieder fahren!«, antwortet Moretti für Fila.

Peroni brummt irgendetwas Unverständliches und geht zum Auto zurück. Schnell schmeißt er die Tasche in den Kofferraum und lässt dann seinen Hund einsteigen. Er streichelt Fila und gibt ihr ein paar Leckerli aus einer Plastikbox. Auch die riechen komischerweise nach Trüffel, denkt Moretti, spricht Peroni aber nicht darauf an. Aber etwas anderes fällt ihm ein.

»Sag mal, Enzo, wie wär's eigentlich mit einem *caffè?* Ich habe heute noch nichts gegessen und getrunken!«

»Ich auch nicht. Müssen wir eben bis Mittag warten. Schadet uns nicht. Du, ich muss dich was fragen. Also, gestern, ich meine, gestern Nachmittag haben wir doch in San Benedetto unsere Schießübung absolviert, oder?«

»Ja klar, warum fragst du?«

»Mario, dir kann ich es sagen. Manchmal hab ich das Gefühl, dass ich Dinge, die ich gerade gemacht habe, einfach vergesse, verstehst du? Und gestern … ich kann mich an das Schießen nicht mehr erinnern.«

»Na ja, du warst ja nicht mehr ganz nüchtern, aber geschossen hast du super. Du hast uns doch deine Scheibe gezeigt, als du fertig gewesen bist.«

Moretti wechselt das Thema. Er fragt Peroni nach den Ergebnissen der Serie A von gestern, wie Juve und Milan gespielt hat, aber daran kann sich Peroni auch nicht mehr erinnern. Kein Wunder, seine Frau hat ihn, gleich als er zu Hause ankam, ins Bett gesteckt.

Sie fahren weiter bis zu der Schutzhütte *Rifugio degli Alpini.* Dort stellen sie das Auto ab und ziehen ihre Wanderschuhe an.

»Sag mal, Enzo, hast du meine Sonnenbrille gesehen? Ich glaube, ich habe sie letztes Mal im Auto liegen lassen.«

»Mach doch deine Augen auf, sie steckt in der Ablage.«

Moretti sieht die Brille, und als er sie herausnimmt, fällt ein kleiner Zettel, der auf der Brille liegt, auf die Fußmatte. Es ist ein Kassenbon. Moretti kapiert sofort, er nimmt den *scontrino* und liest vor: »Aha, das Datum von heute. Ein Cappuccino und zwei Brioche!

Stronzo, und ich soll warten! Du bist mir ein Freund! Das bekommst du zurück, verlass dich drauf!«

Peroni strahlt über das ganze Gesicht und schmeißt sich seinen Rucksack auf den Rücken.

»Komm, Fila, gehen wir, der Onkel ist jetzt böse mit uns.«

Mit ungefähr zehn Meter Abstand zueinander laufen sie los, erst ein kleines Stück auf der Straße und dann die ganze Zeit auf kleinen Wegen oder über Wiesen. Die weite Hochebene ist bedeckt mit Millionen von Blumen in Rot, Gelb, Violett, Blau. Hier oben wachsen die weltbesten Linsen. Zwischen den Feldern weiden unzählige Schafe, die von Maremmani, großen, weißen Herdenschutzhunden bewacht werden. Die ganze Zeit hat man sein Ziel vor Augen, denn auf einer Anhöhe auf der anderen Seite der Ebene liegt das kleine Dörfchen Castelluccio, unter der Woche eine verträumte Ortschaft mit einigen gemütlichen Einkehrmöglichkeiten. Gut zwei Stunden dauert die Wanderung, und nur bei dem kleinen Anstieg zum Schluss kommen die beiden Polizisten ein wenig außer Atem und brauchen im Ort ein paar Minuten, bis ihr Puls sich wieder beruhigt hat. Zum Essen ist es noch zu früh, und so gehen die drei gemütlich durch das Dorf, besuchen die kleine Kirche und setzen sich danach an eine sonnige Hauswand und schauen den vielen Drachenfliegern und Paraglidern zu, die die warmen Aufwinde nutzen. Peroni überkommt die Müdigkeit, und er schläft ein. Moretti genießt die Ruhe, träumt vor sich hin. Erst als die Kirchenglocke zu Mittag läutet, werden alle drei wieder munter. Die Entscheidung, in welches Ristorante sie gehen wollen, fällt schwer. Jedes hat seine Spezialitäten, aber eines ist bei allen fantastisch: die Linsen, in verschiedenen Varianten zubereitet. Sie sind ein Muss hier oben. Moretti nimmt Peroni die Entscheidung ab, und so steuern sie die Locanda »De' Senari« mit ihrer gemütlichen, einfachen Terrasse und der freundlichen Bedienung an. Vorspeisen der Region, Pasta mit Gemüse der Saison und danach eine *grigliata,* zwei Stunden in Ruhe essen und über unwichtige Dinge plaudern: So haben die beiden es sich gewünscht. Zum Schluss bestellt Moretti die Nachspeise. Es gibt selbstgebackenen Kuchen, zwei, drei, vier verschiedene süße Verführungen, ein Traum. Mit einem Kaffee beenden sie das Mittagessen und legen sich anschließend auf die beiden Liegestühle, die neben der Terrasse in der Sonne stehen. Fila hat ein schattiges Plätzchen gefunden, und so verbringen sie sorglos den Nachmittag. Schlafen wollen aber beide nicht, zu schön ist der Ausblick auf die Berge und die blumenbedeckte Hochebene. Die Besitzer des Agriturismo haben längst das Lokal geschlossen und ruhen sich aus, am Abend kommen sicher wieder einige Gäste, die extra wegen dem Essen hier herauf kommen oder in einer der kleinen Pensionen übernachten, um am frühen Morgen zu einer Wanderung aufzubrechen.

Moretti rüttelt an der Liege von Peroni. »Komm, Enzo, lass uns langsam gehen. Wir haben noch einen weiten Weg zurück«

Fila springt auf die Liege zu Peroni. »Fila, spinnst du?«

Peroni schubst den Hund von der Liege und kämpft sich aus der Liege heraus.

»Du warst auch schon mal gelenkiger.«

Peroni ignoriert die Anspielung von Moretti auf seine zwanzig Kilo Übergewicht. Wie auf dem Hinweg sprechen die beiden nicht viel. Jeder geht für sich alleine und lauscht der Natur. Das Blöken der Schafe, der kurze schrille Ruf der Falken, die auf der Jagd sind und das Bellen der Hunde, die die Schafe zurück in ihre abgesperrten Schlafplätze bringen ist das Einzige, was zu Hören ist. Die letzten Paraglider ziehen ihre Runden und landen unten auf der Ebene. Die Wanderung tut den beiden nach dem vielen Essen gut. Kurz vor dem Auto schwärmt Peroni schon von den Steinpilzen und Trüffeln, die seine Frau zum Abendessen zubereiten wird. Seine Bitte an Moretti, zum Essen zu bleiben, kann ihm dieser nicht abschlagen, zumal Peroni noch hinzufügt, dass seine Frau Luisa sich sicher sehr freue, ihn wieder einmal zu sehen. Peroni sperrt das Auto von der Beifahrerseite aus auf und setzt sich gleich hinein, damit klar ist, wer zurück fährt. Moretti lässt Fila einsteigen, und los geht's. Der kräftige Geruch der Trüffel, die im Kofferraum liegen, zwingt Moretti dazu, die Fenster zu öffnen. Keine drei Kurven dauert es, und Peroni schläft. Bis Teramo liegt er bewegungslos da, genau wie sein Hund. Moretti fährt vor die Garage von Peroni und stellt das Auto ab. Als sich seine Fahrgäste immer noch nicht rühren, holt Moretti die Stofftasche mit den Pilzen und Trüffeln heraus und klingelt bei Peroni. Luisa öffnet ihm und erwartet ihn vor der Wohnungstüre.

»Ciao, Mario, schön, dass du mitkommst. Ich habe heute Morgen zu Enzo gesagt, dass er ohne dich gar nicht zu kommen braucht. Aber wo ist er denn?«

»Er und Fila schlafen, sie werden schon kommen, wenn sie wach-werden.«

»Dann komm mal rein, und wir können ungestört reden.«

Luisa nimmt Moretti die Tasche ab und leert alles auf den Küchentisch.

»Irgendwann werden sie ihn erwischen!«

»Luisa, jeder von den Forstpolizei weiß, was Enzo und Fila im Wald machen.«

Moretti lacht und Luisa schüttelt den Kopf. Sie putzt die Pilze und setzt eine Pfanne auf den Herd. Öl, und Knoblauch werden erhitzt, und dann zaubert Luisa aus den Pilzen ein köstliches Gericht. Moretti deckt den Tisch und öffnet eine Flasche Montepulciano.

»Luisa, darf ich den Fernseher einschalten?«

»Aber, natürlich, mach was du willst.«

Moretti geht anschließend auf die große Terrasse und schaut hinunter auf das Auto. Peroni und der Hund schlafen immer noch, keiner rührt sich.

»Mario, weck doch bitte die beiden auf, das Essen ist fertig.«

Das lässt sich Moretti nicht zweimal sagen. In der Ecke hängt ein Gartenschlauch, er rollt ihn ab und geht ganz nach vorne bis zum Geländer. Luisa kommt auf die Terrasse und schmunzelt kopfschüttelnd.

»Wasser marsch.«

Luisa dreht den Wasserhahn auf und geht nach vorn zu Moretti. Der hält den Schlauch Richtung offenes Beifahrerfenster und wartet. Peroni springt hoch, schlägt wild um sich, als wäre ein Bienenschwarm im Auto. Fluchend und schreiend versucht er das Fenster zu schließen, Moretti hat aber den Schlüssel abgezogen. Noch immer hält Moretti den Wasserstrahl auf Peroni. Fila, die Wasser liebt, ist von der Rückbank nach vorne gesprungen und schleckt ihr Herrchen ab. Peroni öffnet die Türe und springt aus dem Auto. Moretti stellt das Wasser ab, ruft kurz und trocken zu Peroni hinunter: »Essen ist fertig!« und geht in die Küche.

Peroni kommt nach oben gerannt, Fila hinter ihm her. Er öffnet die Türe und rennt in die Küche.

»Ich hab's ja versprochen, Enzo«, sagt Moretti. «Das war für heute morgen. Ein Cappuccino und zwei Brioche, du Penner!«

Peroni geht fluchend ins Bad. Fila schüttelt sich und legt sich auf ihre Hundedecke auf die Terasse. Luisa und Moretti sitzen am Tisch und warten, bis Peroni zurückkommt.

»*Stronzo!*«, ist sein abschließender Kommentar, dann setzt er sich an den Tisch und legt sich seine Stoffserviette auf die Hose. Luisa stellt den beiden einen schönen Teller Pasta auf den Tisch und setzt sich dann mit einem halb gefüllten Teller dazu.

»*Buon appetito!*«, wünschen sich die drei und lassen sich die Pasta schmecken. Moretti erzählt von dem schönen Tag, den sie hatten und natürlich auch von der Gemeinheit, die sich Enzo am Morgen in der Bar geleistet hat. Luisa fragt dann nach Morettis Freundin Lisa und nach Sandro und sagt, dass er doch auch endlich einmal an eine Familie denken solle.

Im Fernsehen beginnen gerade die Regionalnachrichten, und als Erstes kommt gleich ein Livebericht aus Teramo. Peroni erkennt sofort den Ort des Geschehens.

»Schau mal, Mario, das ist die tolle Wohngegend mit den schönen Villen, wo ich letztes Mal war. Und das da ist die Villa von Staatsanwalt Calda. Was ist denn da los?«

Ein Fahrzeug der Polizia Forestale nach dem anderen fährt mit Blaulicht zu Caldas Grundstück. Von beiden Seiten kommen sie gefahren, und alles wird in Bild und Ton festgehalten. Aus den beiden vorderen Fahrzeugen steigen Uniformierte aus und klingeln bei Calda. Enrico Russo und Lello Cavani sind zu erkennen, sowie zwei Beamte der Polizia Forestale von Teramo, Michele Rovano und Pietro Lungo. Die Haustüre öffnet sich, und Dottor Calda kommt im weißen Bademantel heraus. Die Kamera schwenkt aber sofort wieder zur Haustüre zurück, denn jetzt steht ein zweiter, geschminkter, junger Mann im rosa Bademantel auf der Schwelle. Calda schaut sich um, schreit den jungen Mann an. Leider kann man bei dem Lärm nicht verstehen, was Calda dem Mann zubrüllt, der verschwindet aber schnell und schließt die Tür. Calda geht aufgeregt zum Gartenzaun, um mit den Beamten zu reden. Enrico Russo hält ihm Peronis Navi hin und spricht zu Calda, der sich fürchterlich aufregt und empört auf die vielen Einsatzfahrzeuge und die Presse zeigt. Jetzt ist auch Lucia Brandelli zu sehen. Peroni schaut zu Moretti.

»Du hast doch sicher nichts damit zu tun, oder!«

»Ist dein Navi, wenn ich mich nicht irre. Und du bist damit herumgelaufen!«

»Ja, schon, aber kannst du mir mal erklären, wie das sein kann, dass die vom Fernsehen und Lucia anscheinend schon vor der Polizei da waren?«

»Weil ich es Lucia gesagt habe, ganz einfach.«

Peroni ist überrascht dass Moretti sofort zugibt, Lucia den Tipp gegeben zu haben. Im Fernsehen geht Calda wütend und schimpfend zurück zum Haus. Lucia Brandelli steht bei Enrico Russo und möchte wissen, aus welchem Grund sie denn hier bei Dottor Calda mit einem so großen Aufgebot vorgefahren sind. Russo hält sich bedeckt, weist auf die laufenden Ermittlungen hin und will nichts dazu sagen, was natürlich allen Spekulationen Tür und Tor öffnet.

Moretti verbringt noch einige Zeit bei den Peronis, bevor er auf direktem Weg nach Hause geht. Bei der Verabschiedung an der Wohnungstür holt Moretti aus seiner Jackentasche eine kleine Schachtel und gibt sie Peroni.

»Hier, hast du Munition für deine Dienstwaffe.«

»Danke, wo hast du die her?«

»Gefunden, in einem Büro in San Benedetto.«

Für den nächsten Tag haben Peroni und Moretti sich vorgenommen, ihren angestauten Bürokram zu erledigen. Nach dem allmorgendlichen Barbesuch treffen sie sich in der Questura. Aus dem einen Tag werden drei Tage langweilige Büroarbeit. Nur in den Pausen in der Kantine kommt Stimmung auf. Der Questore ist wieder einmal nicht da, angeblich hat er wichtige Auswärtstermine. Alle Beamten lachen natürlich darüber und diskutieren darüber, in welchem Ristorante er mit welcher Frau sitzt und es sich auf Staatskosten gut gehen lässt. Zum Glück ist auch Signorina Uccello nicht im Haus, Brolio hat sie zwei Wochen zur Fortbildung nach Bologna geschickt.

An einem Vormittag kommt die Signora Stella, eine langjährige Angestellte aus der Posteingangsstelle, mit einem großen Kuvert in die Kantine, wo fast alle Beamten zu einer kleinen Pause zusammen sitzen. Im Hineingehen zieht die Signora den Brief aus dem Kuvert und verkündet: »Hier ist er, der Brief aus Rom, und ihr werdet staunen. Der Oscar geht in diesem Jahr in unserer Abteilung an …«

Signora Stella schaut in die Runde und wie bei der Oscarverleihung sind alle gespannt auf den Namen.

»Sergente Peroni, unser zukünftiger Ispettore Peroni!«

Alle applaudieren, erheben sich von den Plätzen, und gratulieren dem neuen Ispettore. Peroni ist sichtlich gerührt und überrascht, mit feuerrotem Kopf steht er, umringt von seinen Kollegen da, und sucht nach Worten. Er weiß gar nicht, was er sagen soll.

Ein Kollege hilft ihm und ruft: »Prosecco«

»Genau«, antwortet Peroni.

»Anna, bring uns bitte Prosecco, für alle!«

Moretti schaut sich um, so zwanzig Leute werden es schon sein, wahrscheinlich kommen noch einige hinzu, wenn es sich in der Questura herumgesprochen hat, was da unten in der Kantine los ist. Am Ende sind es fünf Flaschen, die Peroni ausgeben darf, aber das ist ihm die Freude wert. Zwischendurch geht er kurz auf den Flur, um seiner Frau die gute Nachricht per Telefon mitzuteilen. Signora Stella hängt den Brief im Flur in den Aushang, Peroni liest ihn noch einmal und noch ein zweites Mal, noch immer kann er es gar nicht glauben. Nächste Woche, am Freitag, dem fünfundzwanzigsten, findet die offizielle Verkündung mit Feier statt.

Die nächsten Tage sind für Peroni die schönsten Innendiensttage seit langem. Wo er auch erscheint, überall bekommt er zu hören, wie sich alle über seine Beförderung freuen, denn Peroni ist sehr beliebt in der Questura. Seine Hilfsbereitschaft, Freundlichkeit und Kollegialität werden von allen sehr geschätzt. Auch der Questore lässt den frischgebackenen Ispettore zu sich ins Büro kommen und gratuliert ihm. Er verkündet ihm, dass auch ein ranghohes Mitglied aus dem Innenministerium bei der Feier anwesend sein wird. Zwar nicht seinetwegen, aber bei seinem Besuch in Teramo wolle er natürlich auch an der Feier teilnehmen. Die Laudatio, die normalerweise der Questore bei solchen Veranstaltungen hält, übernehme dieses Mal ein noch unbekannter Ehrengast. Die anschließende Feier in der Kantine wollen Anna und einige andere Damen aus der Questura organisieren. Peroni soll sich um nichts kümmern müssen, er soll seinen Ehrentag in vollen Zügen genießen können. Moretti organisiert eine kleine Band, deren Mitglieder er aus der Bar kennt, aber auch schon live gehört hat. Sie spielen die alten Lieder von früher, die Peroni so gerne hört.

Einen Tag vor der Feier wird die Kantine geschmückt, die Musiker bauen ihre Anlage auf, und die Questura wird auf Hochglanz gebracht. Am Nachmittag trifft Moretti seinen Freund Peroni und seine Frau in der Fußgängerzone. Peroni wird gerade vollständig neu eingekleidet. Anzug Krawatte und Hemd haben die beiden schon gekauft, jetzt schauen sie noch nach neuen Schuhen. Peroni ist bereits sehr aufgeregt und lässt sich von Moretti nicht lange aufhalten.

»Komm, Luisa, wir müssen weiter! Ciao, Mario, bis morgen.«

Peroni zieht seine Frau von Moretti weg und eilt in Richtung Schuhgeschäft. Eigentlich eine gute Idee, denkt sich Moretti und geht auch auf Einkaufstour. Vollbepackt mit drei Tüten kommt er eine Stunde später in der Bar an, wo seine Freunde schon auf ihn warten. Aus der Zeitung haben sie erfahren, dass Peroni morgen befördert wird und möchten natürlich wissen, wie Peroni zu dieser Beförderung gekommen ist.

»Das sind leider dienstinterne Angelegenheiten, darüber kann ich euch nichts sagen, aber verdient hat sich Enzo die Beförderung auf alle Fälle.« Mehr erzählt Moretti in der Bar nicht, aber alle Freunde und Bekannte, die bei Moretti stehen und Peroni kennen, stimmen ihm zu. Es wird wieder ein langer Abend, und erst nach Mitternacht kommt Moretti mit seinen Tüten zu Hause an. Vorsichtshalber stellt er sich den Wecker auf sieben Uhr und löscht dann bald das Licht.

Ein wunderschöner Tag begrüßt Peroni um fünf Uhr morgens. Eine gute Stunde im Bad und fünf Minuten für einen *caffè*, dann ist Peroni, nachdem er sich von seiner Frau bis zur Feier verabschiedet hat, auf dem Weg zu Moretti. Natürlich mit dem neuen Dienstauto. Peroni hupt zwei Mal. Anschließend geht er zum Eingang und klingelt bei Moretti. Der schleicht aus dem Bett zur Türe.

»Welcher Idiot klingelt um sechs Uhr Morgens?«, brummt er und reißt dabei die Wohnungstüre auf. Peroni, der von einer Nachbarin hereingelassen wurde, grinst Moretti ins Gesicht.

»*Buon giorno* Mario! Bist du soweit?«

»Was ist los?«

»Aber du hast mir doch versprochen dass wir heute Morgen um halb sieben in der Bar einen Kaffee zusammen trinken wollen und dann gemeinsam in die Questura gehen.«

Moretti kann sich zwar an nichts erinnern, will aber Peroni nicht seinen großen Tag verderben. Er holt Peroni herein und geht im

Halbschlaf ins Bad. Dort fällt ihm auf, dass ihm an Peroni irgendetwas bekannt vorkommt, aber er macht sich keine weiteren Gedanken. Erst als er aus dem Schlafzimmer fertig angezogen ins Wohnzimmer kommt, wird ihm klar, was ihm bekannt vorgekommen ist. Sie tragen den gleichen Anzug, die gleiche Krawatte, ein weißes Hemd, und auch die Farbe der Schuhe ist gleich. Peroni fühlt sich geehrt, dass sein Freund sich genauso gekleidet hat wie er, doch Moretti möchte sich am liebsten wieder umziehen.

»Das ist ja toll, da kann jeder sehen dass wir beide zusammenarbeiten und ein Team sind«, freut sich Peroni.

Moretti lächelt und lässt Peroni glücklich sein. Schließlich ist es sein großer Tag.

In der Bar lassen natürlich die Kommentare zur Kleidung nicht lange auf warten.

»He, Mario, hab gar nicht gewusst, dass ihr im gleichen Boccia-Club seid!«, begrüßt sie der Besitzer. Der Barista stellt ihnen zwei *caffè* auf die Theke und fragt, ob die Polizei jetzt auch Ausgehanzüge für ihre Beamten besorgt. Moretti bereut es, dass er sich nicht doch noch umgezogen hat; was wird das erst in der Questura werden?, fragt er sich. Um kurz vor acht kommen sie dann in der Questura an. Im großen Konferenzraum werden die letzten Vorbereitungen für die Feier getroffen. Die Stühle werden aufgestellt, das Rednerpult wird positioniert und die Lautsprecheranlage angeschlossen. Peroni schaut in die Kantine, alles ist schon eingedeckt und von Lampe zu Lampe hängen grüne, weiße und rote Banderolen. Über der Eingangstüre hängt ein Schild mit der Aufschrift *Tanti Auguri, Enzo*, ebenfalls bunt geschmückt.

Um zwölf Uhr soll die Feier beginnen. Peroni wird immer aufgeregter, alle paar Minuten schaut er auf seine Uhr und läuft wie ein aufgeschrecktes Huhn in der Questura herum. Moretti sitzt bei Anna Moresi in der Küche, die mit der Vorspeise und der Nachspeise beschäftigt ist.

»Was gibt es denn als Hauptgericht?«, will Moretti wissen, findet aber nichts in den Töpfen und Öfen.

»Das ist eine Überraschung, darf ich dir nicht sagen!«

Moretti tut so, als wäre es ihm egal.

»Du, Anna, wenn du hier heute fertig bist, wollen wir am Abend zum Essen gehen? Ich hätte Lust auf eine Pizza, was meinst du?«

Anna schaut Moretti an, als wenn sie ihm etwas sagen sollte, aber nicht kann.

»Ich glaube, das wird nichts, aber warte mal ab.«

Moretti versteht die Antwort zwar nicht, will aber nicht weiter nachfragen, zumal gerade in dem Moment der Questore in die Küche kommt.

»Ah, hier sind Sie Moretti. Kommen Sie bitte in zehn Minuten in mein Büro, ich möchte Ihnen Staatsekretär Dottor Dante vorstellen, unseren Ehrengast von heute.«

»Ist das auch der Ehrengast, der die Laudatio für Peroni hält?«, will Moretti wissen.

»Nein, Mario, Ihnen kann ich es ja sagen, wer es ist. Es handelt sich um eine wohlverdiente Person der Stadt und eine immer noch einflussreiche Dame mit guten Kontakten zur Obrigkeit. Ich weiß auch nicht, warum, aber sie bestand darauf, die Laudatio zu halten. Es ist Baronin Conti, Witwe unseres verehrten Bürgermeisters Conti.«

Moretti weiß nicht, ob er lachen oder weinen soll. Signora Capuzzi, alias Baronin Conti – das wird was geben …

»Oh, das wird Peroni sicher freuen«, erwidert Moretti und steckt sich eine halbe Mozzarella in den Mund.

»Also, Moretti, in zehn Minuten in meinem Büro.«

Moretti denkt kurz an Signorina Uccello, aber die ist ja zum Glück noch immer in Bologna und nicht in Brolios Vorzimmer.

»Sag mal, Mario, musste das unbedingt sein, dass du den selben Anzug wie Peroni trägst?«

Moretti schaut zu Anna, dann auf seinen Anzug.

»Jetzt reicht's, ich geh heim und zieh mich um«, verkündet er.

Moretti geht hinaus auf den Flur, dort kommt ihm sein Freund Stefano entgegen.

»Ciao, Mario, schön dich zu sehen. Ich freue mich auf die Beförderung von Enzo. Hättest du halt was gesagt, dann hätte ich mir auch den gleichen Anzug gekauft.«

Moretti schubst Stefano zur Seite und läuft hinaus. Stefano geht zu Anna in die Küche und erzählt ihr, was gerade passiert ist.

Moretti schlendert die Fußgängerzone entlang und sieht in einem Bekleidungsgeschäft für junge Leute eine zerrissene Jeans hängen, daneben ein T-Shirt mit einem Bild von Berlusconi, der die Zunge ausstreckt. Moretti geht in den Laden und kommt fünf Minuten später umgezogen heraus.

Kurze Zeit später klopft er an der Türe von Brolio und tritt ein. Der Questore und der Dottore haben es sich in den neuen Ledersesseln gemütlich gemacht. Brolio sieht Moretti in seinem Outfit und schaut entsetzt zu dem hohen Gast aus Rom. Er ist sprachlos.

»Ah, Questore, wie ich sehe, ermittelt Ihr Commissario gerade in der Unterwelt«.

Brolio lächelt gequält, winkt Moretti zu sich und stellt den Commissario seinem Gast als Aushängeschild der Questura vor, von dem er sich noch viel erwarte in der nächsten Zeit.

Nach einer guten halben Stunde beendet der Questore das informative Gespräch. »Oh, ich glaube, es wird Zeit, gehen wir hinunter!«

Er schaut auf Moretti.

»Gehen sie schon mal vor und sagen Sie unten Bescheid, dass wir gleich kommen.«

Moretti salutiert kurz und geht hinunter. Der Saal ist bis auf den letzten Platz gefüllt. Der Musiktechniker prüft noch einmal, ob seine Anlage funktioniert und lässt ein paar Takte der Nationalhymne anspielen. Draußen im Hof ist eine schwarze Limousine vorgefahren, die zwar schon viele Jahre auf dem Buckel hat, aber top in Schuss ist. Im Auto ist eine ältere Dame zu erkennen. Sie steigt aber noch nicht aus. Peronis Frau sitzt in der ersten Reihe neben Moretti. Neben ihnen sind die beiden Plätze für Brolio und seinem Gast aus Rom. Als die beiden Herren den Saal betreten, erheben sich alle und warten, bis sie Platz genommen haben. Peroni sitzt weiter hinten bei seinen Kollegen und ist furchtbar aufgeregt. Dottor Dante steht auf und geht zum Pult, es wird still. In einer kurzen Ansprache bedankt er sich für die Einladung und lobt den Questore für seine gute Arbeit.

Der Questore liebt es, im Mittelpunkt zu stehen. Er erhebt sich, verbeugt sich vor seinen Untergebenen, bedankt sich für die lobenden Worte des Ehrengastes und ergreift selbst das Wort. Die ersten fünf Minuten drehen sich hauptsächlich um ihn selbst; er spricht von der vielen verantwortungsvollen Arbeit, die auf seinen Schultern lastet, und von der Freude darüber, zu seiner Unterstützung in all den Jahren eine so erfolgreiche Truppe gebildet zu haben. Er bedauert, dass es heute nicht er selbst sei, der einem verdienten Mitglied der Questura die Urkunde überreichen dürfe, denn auf Bitte des Innenministeriums solle der Baronin Conti diese Ehre zu Teil werden. Das ist das Zeichen für die Baronin, die begleitet von ihrem Hausmädchen langsam in den Saal schreitet. Wieder erheben sich alle, man spielt die Nationalhymne. Brolio setzt seine Brille auf, denn irgendwie kommt ihm das Gesicht bekannt vor. »*Oddio*«, denkt er, das ist doch die Verrückte, die vor kurzem in meinem Büro war und so wirres Zeug geredet hat. Ärgerlich, dass er sie damals nicht erkannt hat … Die Baronin ist natürlich wieder elegant gekleidet und schwebt mit königlicher Würde zum Pult. Das Mädchen hilft ihr auf die Stufe hoch, damit man die kleine Dame überhaupt sehen kann. Sie schaut in den Saal, sucht Sergente Peroni, und als sie ihn entdeckt, winkt sie ihm zu. Ein leises Lachen geht durch den Saal. Die Baronin öffnet ihre Handtasche und zieht einen Bilderrahmen heraus, etwa zehn Mal zwanzig Zentimeter groß. Sie stellt den Bilderrahmen so auf, dass das Bild in die Menge zeigt. Alle versuchen zu erkennen, was oder wer denn da auf dem Bild zu sehen ist, viele ziehen sogar ihre Brille hervor. Nur Moretti hat so eine Ahnung und muss grinsen, als er erkennt, wer auf dem Bild zu sehen ist. Brolio denkt, es sei ihr verstorbener Mann im Pelzmantel, und schmunzelt ebenfalls. Dann beginnt die Baronin: »*Buon giorno*, liebes Volk!«

Der Staatssekretär schaut entgeistert zu Brolio.

»Ich freue mich, dass ich heute zu Ihnen sprechen darf und die ehrenvolle Aufgabe übertragen bekommen habe, unserem lieben Sergente Peroni die Beförderungsurkunde zu überreichen. Vorher will ich es aber nicht versäumen, unserem lieben, erfahrenen, weltmännischen und erfolgreichem Questore Brolio dafür zu danken, dass er auch in der heutigen, schnelllebigen Zeit, in der kaum noch jemand an Menschlichkeit denkt, für seine Bürger in unserer schönen Stadt immer ein offenes Ohr hat. Und wir können stolz darauf sein, dass unser Questore Brolio seinen Beamten, die sicherlich viel zu tun haben, die Erlaubnis gegeben hat, sich um meine Re Mimmi zu kümmern.«

Die Baronin zeigt auf das Bild vor ihr und lächelt Brolio zu. Der schaut zu seinem Nachbarn, der auf seinem Stuhl unruhig umherrutscht.

»Ja, Dottor Dante, auch bei Ihnen und dem Innenministerium möchte ich mich im Namen meiner Katze Mimmi dafür bedanken, dass ich heute hier stehen darf und dem Mann, der mir in meiner tiefen Trauer so sehr geholfen hat, die Ehre erweisen darf. Er hat nicht nur Mimmi gefunden, nein, er hat auch herausgefunden, wer für ihr Ableben verantwortlich war.«

Brolio wird zunehmend unruhiger, der Staatssekretär schaut an die Decke, als würde er ein Gebet zum Himmel schicken und Gott anflehen, es möge bald vorbei sein. Brolio deutet dem Sergente Lupino an dass er mit der Urkunde nach vorne gehen soll. Lupino marschiert wie ein Soldat zum Pult, und das ist für Peroni das Zeichen, dass auch er nach vorne kommen soll. Die Baronin nimmt die Urkunde und blickt auf Peroni herab.

»Lieber, verehrter Sergente Peroni, es ist mir eine Ehre, Ihnen hier und heute Ihre Ernennungsurkunde zum Questore …«

In diesem Moment kann sich die Mehrheit der Gäste nicht mehr beherrschen, und lautes Gelächter übertönt jedes weitere Wort der Baronin. Brolio steht auf und ergreift das Wort: »Sehr verehrte Signora Conti, liebe Baronin, das ist aber ein wenig verfrüht. Unser lieber Kollege Peroni freut sich, heute zum Ispettore ernannt zu werden.«

Brolio nimmt der Signora die Urkunde aus der Hand und gibt sie Peroni.

»Herzlichen Glückwunsch, Ispettore Peroni«

Peroni ist so überwältigt, dass ihm ein paar Tränen über das Gesicht laufen, er umarmt den Questore und küsst ihn rechts und links. In der letzten Reihe springt Simona von der Polizia Municipale auf und ruft: »Viva Enzo, viva Italia!«, alle wiederholen die Hochrufe noch zweimal, dann ertönt auch schon die italienische Nationalhymne. Peroni steht da und genießt die Hymne wie ein Olympiasieger bei der Siegerehrung. Auch der Staatssekretär lässt sich von der guten Laune anstecken und singt mit, nur dem Questore ist die ganze Angelegenheit sichtlich peinlich. Die Baronin winkt Brolio zu sich, sie nimmt ihn in den Arm und gratuliert ihm noch einmal zu seinen Beamten. Jetzt kann auch er nicht mehr anders und macht gute Miene zum bösen Spiel. Langsam bewegen sich die Gäste vom Saal in die Kantine, wo sie von der Band mit Musik begrüßt werden. Die Antipasti sind auf den Tischen verteilt, und die Gäste suchen sich ihre Plätze aus; schließlich bietet so ein Fest wieder einmal die Möglichkeit, sich mit anderen Kollegen zu unterhalten denen man sonst nur auf dem Flur oder in den Büros begegnet. Die Stimmung ist schon jetzt sehr ausgelassen, und die Vorspeise ist eine gute Grundlage für den Wein und das Bier.

Peroni findet keine Zeit sich zu setzen, jeder will etwas von ihm. Er hat die Baronin in der Menge gesucht, aber der Parkwächter hat ihm gesagt, dass die Signora das Fest schon verlassen habe. Es sei ihr wohl zu viel gewesen, all die Leute und der Trubel, entschuldigt Moretti die alte Dame, Peroni findet es trotzdem schade, dass sie nicht geblieben ist. Nach einer guten Stunde werden die Vorspeisenteller abgeräumt, und in der Küche bereitet man sich auf das Servieren der Hauptspeise vor. Lisa Zinga hat es sich nicht nehmen lassen und in ihrer Trattoria mehrere verschiedene *arrosti di selvaggina* zubereitet. Sandro und Jonathan haben ihr geholfen und alles in ihren Autos in die Questura gefahren. Durch den Hintereingang tragen sie die Speisen in die Küche, auch Bratkartoffeln, Gemüse, Trüffelsauce und Salat haben sie dabei. Moretti, der gerade in die Küche kommt, ist überrascht, als er Lisa und die Jungs in der Küche stehen sieht, freut sich aber sehr.

»Mensch, das ist aber eine Überraschung! Was hast du uns denn Leckeres gemacht?«

»Wild, gutes frisches Wild«, grinst Sandro ihm zu.

»Hoffentlich nicht zu frisch!«

»Nein, nein, Mario, ein paar Tage ist das schon alt.«

Wenn das der Questore wüsste, dass er sein eigenes Wild verspeist, denkt Moretti. Und es scheint ihm zu schmecken, ihm und seinem Gast aus Rom, genauso wie all den anderen. Es ist ein typisches italienisches Fest: gutes Essen, guter Wein und schöne Musik. Zwei Stunden sitzen sie zum Hauptgang zusammen, dann sind alle Servierplatten leer. Später hilft Moretti in der Küche beim Saubermachen, denn Lisa muss wieder zurück in ihr Lokal, um das Essen für den Abend vorzubereiten. Sie verabschiedet sich in der Küche von ihren Helfern, Moretti drückt sie ein Bussi auf die Wangen und will wissen, ob er am Abend zu ihr kommt. Anna bekommt das natürlich mit, tut aber so, als ob sie es nicht hört.

»Ich schau mal, wie lange das hier dauert, Lisa. Ich ruf dich an.«

Lisa nickt, sie weiß, dass es meistens nichts wird, wenn sie diese Antwort bekommt.

Peroni steht inzwischen vorne bei der Band und gibt beim Singen sein Bestes. Der Staatsekretär eröffnet mit Simona den Tanz, und nach und nach füllt sich die Tanzfläche. Der Questore wartet, bis Moretti in seiner Nähe ist und winkt ihn zu sich.

»Mario, setzen sie sich. Ich muss Ihnen was sagen.«

»*Oddio*, was kommt jetzt wieder?«, brummt Moretti leise vor sich hin. Er will sich nicht setzen, findet aber keine Ausrede, und der Questore besteht darauf.

» Moretti, haben Sie schon gehört? Staatsanwalt Calda hat seine Versetzung beantragt.«

»Schön. An manchen Tagen kommen gleich mehrere gute Dinge zusammen.«

»Ich habe von höchster Stelle erfahren, dass er jemanden aus unserer Questura für die Razzia verantwortlich macht. Er will aber nicht sagen, wen er beschuldigt.«

»Ja, wen eigentlich? Das würde mich auch interessieren.«

»Moretti, tun Sie nicht so. Aber unter uns gesagt – ich bin auch froh, dass dieser Blödmann weg geht. Meinen Sie wirklich, dass er mit der Wilderei was zu tun hat?«

»Das werden wir ja jetzt sehen. Wenn nicht mehr gewildert wird, haben wir den Beweis.«»Eine Frage noch, Moretti: Wo haben sie den Pickup eigentlich gefunden?«

Moretti steht auf, legt seine Hand auf Brolios Schulter und schwindelt ihn lachend an.»Vor dem Gerichtsgebäude.«

Brolio schnauft, aber bevor er was sagen kann, ist Moretti weg.

An der kleinen Bar stehen einige Kollegen und Kolleginnen, die Moretti schon lange nicht mehr gesehen hat, und er stellt sich zu ihnen. Das Hauptthema ist natürlich die Laudatio der Baronin, die manche am Anfang für einen Scherz gehalten haben, doch am Ende fanden alle die Realität noch viel lustiger. Als die Frage aufkommt, was Peroni noch so für seine Beförderung geleistet habe, deutet Moretti mit einer vagen Handbewegung an, es gebe noch viele Gründe, die er jetzt jedoch nicht alle aufzählen könne. Man ist sich jedoch einig, dass Peroni die Beförderung, auch im Hinblick auf sein Alter, für die Rente guttun würde.

Anna und die anderen Frauen richten in der Zwischenzeit die Nachspeise her, stellen sie auf die Tische und an der Bar ab. Jetzt hat zum ersten Mal auch Peroni, der ansonsten heute zu kurz kommt, Zeit etwas zu essen. Er sieht richtig abgekämpft aus, überall will man etwas von ihm wissen, gefühlte hundert Mal hat er von dem Fall Capuzzi, der Wilderergeschichte und seiner außergewöhnlich guten Schießleistung in San Benedetto erzählen müssen. Die Schießscheibe aus San Benedetto haben die Kollegen in Rom einrahmen lassen und ihm zu der Beförderungsurkunde dazugelegt. Jeder, der sie sehen will oder auch nicht, darf die Scheibe bewundern. Auch Moretti beglückwünscht Peroni noch einmal, als er sie ihm zeigt.

»Und, Mario, so was möchtest du auch mal schaffen, oder?«

Moretti zuckt mit den Schultern und denkt: Wenn du wüsstest, aber es war ja auch zu seinen Gunsten, denn so ist er einer möglichen Beförderung aus dem Weg gegangen.

Auch von der Nachspeise bleibt fast nichts mehr übrig, und nachdem jeder Gast noch einen Kaffee bekommen hat, können auch Anna und die anderen Damen aus der Küche, nachdem sie diese in Ordnung gebracht haben, an der Feier teilnehmen. Die meisten haben es sich mittlerweile an der Bar gemütlich gemacht, die älteren Kollegen sind nacheinander nach Hause gegangen, und so wird der Kreis der Feiernden kleiner. Die Musik spielt immer noch die alten Hits der fünfziger, sechziger und siebziger Jahre. Anna hat sich zu Moretti gesellt, und sie haben einen Riesenspaß mit Enzo, der langsam zur Höchstform aufläuft und die ganze Gesellschaft unterhält. Brolio und der Staatsekretär verabschieden sich nun auch, sie haben am Abend noch einen Termin mit den Herren vom Gericht, wobei der Staatsekretär es fast ein wenig schade findet, dass er die lustige Runde verlassen muss. Moretti begleitet die beiden Herren bis zum Parkplatz, wo Brolio ihn noch einmal zur Seite nimmt und sein Bedauern darüber ausspricht, dass er dieses Mal noch nicht zu seinem Vize befördert wurde. Moretti sagt, er bedaure das auch, aber er könne ja noch ein bisschen warten. Er winkt den beiden noch einmal kurz nach, als sie den Hof verlassen. Dass in diesem Moment ein anderes Fahrzeug in den Hof einfährt, registriert Moretti nicht und geht zurück in die Kantine. Dottoressa Laura Cortese steigt aus ihrem Auto und geht in die Questura. Als sie die Gesellschaft in der Kantine schon so vergnügt zusammen stehen sieht, kommt ihr das etwas komisch vor, denn ihr hatte man gesagt, dass die Beförderung am späten Nachmittag stattfinde. Sie begrüßt Peroni, entschuldigt sich für ihr Zuspätkommen und überreicht Peroni ein kleines Geschenk, der es mit hochrotem Kopf entgegen nimmt und ihr dann einen Platz an der Bar anbietet. Moretti, der mit dem Rücken zu ihr steht, bemerkt sie zunächst gar nicht, erst als Peroni mit einem Glas Prosecco zu ihr kommt und sie anstoßen, dreht er sich um.

»Ach, ciao Mario. Schön dich zu sehen.«

»Laura, das ist aber eine Überraschung!«

Mehr bringt Moretti nicht zusammen, weil ihm sofort wieder einfällt, was für einen Blödsinn er letztes Mal geredet hat. Anna, die die Signora nur vom Sehen kennt, wird hellhörig, als sie merkt, dass die beiden sich mit Du anreden. Auch die kleine Simona, die in unmittelbarer Nähe von Moretti steht, kennt die Signora Cortese aus der Polizeischule und ist überrascht, dass sich die beiden anscheinend gut kennen.

»Mario, ich habe schon zu Ispettore Peroni gesagt, es tut mir leid, dass ich zu spät bin, aber ich habe gemeint, die Feier beginnt am Nachmittag.«

Peroni geht die Anrede »Ispettore« herunter wie Öl. Er tritt einen Schritt nach vorne und strahlt über das ganze Gesicht. Seine Frau Luisa schaut zu Anna und flüstert ihr zu: »Das werde ich jetzt die nächsten Jahre von ihm zu hören bekommen: Die Signora Cortese war die Erste, die mich mit meinem neuen Dienstgrad angesprochen hat.«

Anna lächelt zurück, gibt ihr aber keine Antwort, damit ihr ja nichts entgeht. Peroni wird schon wieder an anderer Stelle verlangt, so bleibt Laura bei Moretti stehen. Renzo Rizzo, der sich zu Moretti vorgearbeitet hat, möchte doch zu gerne wissen, wie Peroni bei seinem Alkoholkonsum das mit dem Schießen in San Benedetto geschafft hat. Moretti kann ihm aber nichts dazu sagen, er habe die Schießscheibe von Peroni nur abgegeben. Um nicht noch weiter mit seinem Kollegen reden zu müssen, wendet sich Moretti ganz zu Laura und unterhält sich mit ihr. Laura schaut nach einiger Zeit auf ihre Uhr und dann zu Moretti.

»Was meinst du, Mario, wollen wir am Abend wieder so eine gute Pizza essen gehen wie letztes Mal?«

Drei Augenpaare schauen auf Moretti: Anna, Simona und Laura.

Anna, mit der Moretti eigentlich zum Essen gehen wollte, die ihm aber schon prophezeite, dass es wahrscheinlich nicht geht, weil sie wusste, dass Lisa kommen wird.

Simona, die Moretti schon so oft vertröstet hat und die sich vorgenommen hatte, dass sie heute nicht locker lassen will.

Laura, die sich nichts dabei denkt und mit einer positiven Antwort rechnet. Jetzt fehlt nur noch Lisa, denkt sich Moretti. Er schaut der Reihe nach allen drei Damen kurz in die Augen, stellt sein Glas ab und entschuldigt sich.

»Ich glaube, ich brauche etwas frische Luft«, sagt er und verlässt die Kantine.

Laura schaut Anna und Simona fragend an.

»Was hat Mario denn für ein Problem?«

Anna nimmt ihr Glas, stößt mit Laura und Simona an und sagt leise zu ihnen: »Ich glaube, ein organisatorisches.«

Moretti ist in den kleinen Park der Questura gegangen und setzt sich auf eine Bank, die von Oleanderbüschen zugewachsen und schlecht einsehbar ist. Er streckt die Beine aus und schaut in den Himmel. Die Sonne ist fast untergegangen, und die Vögel verabschieden sich mit einem letzten Lied. Nach und nach werden die Sterne am dunklen Himmel sichtbar, und der Commissario denkt an die Worte von Peronis Frau Luisa, die ihm doch so sehr eine Familie wünscht. Eine Viertelstunde sitzt er schon auf der Bank und würde am liebsten einschlafen, da spürt er etwas Kaltes am Hals. Wenn es nicht hundert Prozent sicher wäre, dass die Signorina Uccello in Bologna ist, würde er jetzt mit dem Schlimmsten rechnen, doch es ist nur Peroni, der ihm eine eiskalte Flasche Bier an den Hals hält und lacht.

»Ach, da bist du, ich habe dich überall gesucht. Was machst du da?«

»Ich schaue in den Himmel und träume.«

Peroni setzt sich neben Moretti. Gemütlich trinken sie ihr Bier und schauen in den Abendhimmel.

»*Senti*, Mario, das ist doch ein Tag wie im Paradies, der Himmel, die Farben, die Gerüche und diese Stille ...«

»Ja, Enzo, wenn du deine Klappe halten würdest.«

ENDE

Unterwegs
in den Abruzzen

Visite delle tre Città – Besuch der drei Städte

Teramo, Ascoli Piceno und San Benedetto del Tronto: Das sind die drei Städte, in denen wir Commissario Moretti und Sergente Peroni bei ihren Ermittlungen begleiten. Ich möchte Ihnen die Orte beschreiben, die Sie im Roman wiederfinden und auch vielleicht besuchen wollen. Dabei geht es mir nicht um Museen, monumentale Bauwerke oder Kirchen, auch wenn diese sicherlich einen Besuch wert sind, sondern um die Plätze und Straßen, die Bars und Lokale, wo die Menschen sich begegnen und das alltägliche Leben stattfindet. Die Zufahrt zu den Städten, vom Meer kommend, dauert jeweils circa eine halbe Stunde, die Orte sind über gut ausgebaute Straßen sicher zu erreichen.

In **Teramo** bietet sich der Samstag besonders als Besuchstag an. In der Altstadt ist dann Wochenmarkt, und schon am frühen Morgen ist viel Leben auf den Straßen und Plätzen. Die Superstrada von Giulianova bringt uns ins Zentrum. Direkt bei dem schönen Park halten wir Ausschau nach einem Parkplatz.

Nach ein paar Gehminuten kommen wir in die Fußgängerzone, auf den Corso San Giorgio. Gemütlich schlendern wir in Richtung Piazza Ercole Vincenzo Orsini. An der Piazza Martiri della Libertà suchen wir uns einen schönen Platz mit Sicht auf den Markt, in der »Bar Grande Italia« (zweite Heimat von Commissario Moretti).

Vor der Bestellung müssen Sie aber unbedingt in die Bar gehen und sich die Auslagen ansehen. Von süßen bis salzigen Köstlichkeiten finden Sie hier alles, was das Herz begehrt. Hier könnte man den ganzen Vormit-

Schattige Grünanlage in der Viale G. Mazzini.

tag sitzen und den Menschen auf dem Markt und in der Bar zusehen, doch am Corso Vincenzo Cerulli warten noch viele andere kleine Geschäfte und auch der Lebensmittelmarkt.

Teatro Antico Romano, im ersten Jahrhundert v. Chr. von Kaiser Augustus erbaut.

Am Teatro Antico vorbei erreichen wir die Piazza Giuseppe Verdi mit ihren zahlreichen *porchetta*-Ständen und einem großen Obstmarkt. Hier ist auch die Pizzeria »La Cantinetta«, die Sie besuchen sollten, wenn Sie am Abend in Teramo sind (gern von Commissario Moretti besucht).

Zurück über die Fußgängerzone gehen wir in den Park Villa Comunale, aber nicht ohne einen kleinen Schuhkauf getätigt zu haben, und genießen dort die Ruhe und die wunderschöne Botanik des Parkes. Wir gehen anschließend wieder in die Stadt zurück und finden in den kleinen Geschäften viele Spezialitäten fürs Abendessen, von Schinken bis Käse, Brot, Gemüse, Obst sowie hervorragenden Wein. Mit einem kleinen Aperitif in der Bar »Grande Italia« beschließen wir unseren Besuch in Teramo. Sollten Sie am späten Nachmittag in Teramo sein, kann man Ihnen noch einen besonderen »Pizzatipp« geben. 19 Kilometer in Richtung Adria finden Sie das kleine Dorf Castelnuovo Vomano. Hier ist »Don Franchino« zu Hause. In seiner Pizzeria finden sie die außergewöhnlichsten Pizzen an der Adria. Sie werden an uns denken, wenn sie, wie im Krimi beschrieben, einen »Giro« machen. (Auch Commissario Moretti kommt aus Teramo hierher.)

In **Ascoli Piceno** fahren wir direkt in das Parkhaus, das gut von der Superstrada San Benedetto/Rom, Ausfahrt Ascoli Piceno ausgeschildert und zu erreichen ist. Über einen Aufzug gelangen wir fast direkt in die Fußgängerzone. Auf dem Weg zur Piazza Arringo kommen wir am Duomo di S. Emidio vorbei, der auf alle Fälle einen Besuch wert ist. Auf der Piazza Arringo angekommen, sehen wir am anderen Ende das »Ristorante Migliori«.

Bessere Olive Ascolane werden Sie in der ganzen Gegend nicht bekommen. Ob am Stand vor dem Lokal oder bei einem gemütlichen Mittagessen im Lokal können Sie diese Spezialität genießen. Auch die umfangreiche Weinauswahl der Gegend ist beachtlich. Einen Kaffee trinken wir dann anschließend natürlich auf der Piazza del Popolo im »Caffè Meletti«. Es erinnert an die alten Kaffehäuser in Wien, und die Entscheidung, ob man

Ascoli Piceno e il belvedere – »das Wohnzimmer«: die Piazza del Popolo mit der Chiesa di S. Francesco.

seinen Espresso draußen unter den Arkaden trinkt oder doch lieber drinnen im Café, fällt schwer. Danach kann man gut noch etwas verweilen und den Charme des Cafés bei einer Anisetta auf sich wirken lassen.

San Benedetto ist die südlichste Stadt in den Marken am Meer. Der größte Fischereihafen der Adria ist hier zu Hause. Die über 10 Kilometer lange Strandpromenade ist sehr gepflegt.

Alte Herrschaftshäuser und Fischerhäuser, aber auch die modernen Hotels und Wohnhäuser haben den gemütlichen Charakter der Stadt bewahrt. Es gibt hier alles, was man von einer Stadt erwartet: viele Einkaufsmöglichkeiten, jeden Dienstag und Freitag ist Markt, aber auch an den anderen Tagen ist immer viel Bewegung in der Stadt. Natürlich gibt es auch hier viele Einkehrmöglichkeiten. Die Bars in der Fußgängerzone sind alle gut ausgestattet, und es ist sicher für jeden Geschmack etwas dabei. Ob zu Mittag oder am Abend, drei Lokale können wir Ihnen ans Herz legen, natürlich alle mit Schwerpunkt Fisch.

Direkt am Hafen liegt das »Nudo e Crudo«. Hier gilt Selbstbedienung, und es kommt schon mal vor, dass man sich einen Tisch selbst aufstellen muss. Die Vorspeisen sind ausgezeichnet, und die Pasta wird wirklich

Das Ristorantino »San Benedettese« in traumhafter Lage am Jachthafen. Das Essen ist gut und nicht teuer.

115

frisch zubereitet. Wenn sie fertig ist, ruft die Chefin Mariasole »Spaghetti«, oder »Mezzamaniche pronti« und schon kann man sich seine Pasta abholen.

Mit Service und etwas gehobener isst man im »Ristorantino S. Benedettese« direkt am Jachthafen. Es ist eigentlich nur für Bootsanlieger und Clubmitglieder, aber auch Gäste von außerhalb sind immer willkommen.

Die Trattoria »Molo Sud« ist immer gut besucht. Die Preise sind in Ordnung. Rechts: Schöner Brunnen am Beginn der Fußgängerzone von San Benedetto del Tronto.

Am Anfang der Mole liegt die Trattoria »Molo Sud«. Hier ist immer viel Betrieb und das Essen sehr gut. Auch hier blickt man auf das Meer hinaus, und wenn etwas Zeit bleibt, lohnt sich ein Spaziergang ganz weit hinaus bis zum Ende der Mole. Hier hat die Möwe Jonathan ein eigenes Denkmal bekommen; bei einem alljährlich stattfindenden Künstlerfestival werden die Steinblöcke von Bildhauern und Graffitimalern verschönt.

Essen

Teramo

- »Bar Grande Italia«, Piazza Martiri della Libertà
- »Pizzeria La Cantinetta«, Piazza Giuseppe Verdi, Tel. 0039-0861-248375
- »Pizzeria Don Franchino«, Via Bologna, Castelnuovo Vomano (Teramo) Tel. +39-0861-570596

Ascoli Piceno

- »Ristorante Migliori«, Piazza Arringo, Tel. 0039-0736-403787
- »Caffè Meletti«, Piazza del Popolo, Tel. +39-0736-255559

San Benedetto

- »Nudo e Crudo«, Porto Banchina Riva Nord, San Benedetto del Tronto, Cell. +39-393-6020140
- »Ristorante Bar Circolo Nautico S. Benedettese«, Via Moletto Parasabbia Tiziano 1, Tel. +39-0735-592163
- »Trattoria Molo Sud« di Maria Portelli, Viale delle Tamerici 15, Tel. +39-0735-587325

Auf den Spuren von Commissario Moretti

Unsere Wanderungen, die wir natürlich alle schon oft mit Freunden oder Gästen gegangen sind, haben für uns immer ein Ziel – nein, nicht den Gipfel, sondern eine gemütliche Trattoria, Osteria oder ein Ristorante. Wir weisen auf eventuelle »schwierige« oder »gefährliche Passagen« hin. Diese halten sich aber in Grenzen und sind meist jahreszeitlich bedingt. Die Wege sind größtenteils gekennzeichnet. Wege, die nicht markiert sind, besonders Richtungsänderungen und markante Stellen, werden im Bild gezeigt. Bei fast allen Wanderungen können auch die Navigationspunkte hilfreich sein. Bitte beachten Sie die Hinweise auf die eventuellen jahreszeitlich bedingten Einschränkungen. Gutes Schuhwerk und entsprechende Bekleidung sind natürlich wichtig; die Höhenunterschiede sind oft sehr groß, wodurch es selbst im Juli und August zu großen Temperaturdifferenzen kommen kann.

Die Ausgangspunkte der Wanderungen sind in der Regel mit dem Auto zu erreichen, mit den öffentlichen Verkehrsmitteln sind sie hingegen meistens nicht oder nur sehr umständlich erreichbar. Bei den Zeitangaben der Wanderstrecke gehen wir davon aus, dass wir gemütlich gehen, zwischendurch kleine Pausen einlegen und die Natur genießen wollen.

Die Einkehrmöglichkeiten sind uns natürlich alle bekannt und können von uns empfohlen werden. Es sind oft ganz einfache, bodenständige Lokale, in denen man die typischen Gerichte der Region bekommt. Nehmen Sie sich Zeit für die Pausen, denn wir sind der Meinung, beim Essen und Trinken lernt man die Kultur und auch die Menschen kennen.

Nebenbei weisen wir Sie auch auf Orte und Lokale hin, die im Roman vorkommen. Wir wünschen Ihnen viel Spaß auf den Spuren von Commissario Moretti.

Rechts: Pastore Abruzzese – die wahren Könige der Abruzzen.

Wanderung 1: Cesacastina/Cento Cascate

Es geht wieder auf der ss 80 über Teramo nach Montorio in den Parco Nazionale (siehe Wanderung Campotosto). Vorbei am »Ristoran-
te Il Porcellino« die schöne kurvenreiche Straße Richtung L'Aquila
folgend. Im »Albergo Ristorante La Rocchetta« sind jetzt am späten
Vormittag die Tische auf der gemütlichen Terrasse schon gedeckt,
und es lohnt sich, wenn man will, kurz stehen zu bleiben, um einen
Tisch zu reservieren. Wir fahren aber weiter, da wir am Mittag in San
Giorgio einkehren wollen. Nach 18 Kilometern (ab der Einfahrt zum
Nationalpark) folgen wir rechts dem Wegweiser nach Cesacastina.
Im Ort biegen wir wieder nach rechts ab und folgen dem Schild
»Cento Fonti«. Jetzt wird die Straße zum Kiesweg und ist teilweise
sehr schlecht zu befahren. Es ist auch möglich, das Auto im Ort zu
parken und die Kiesstraße zu Fuß hinauf zu gehen.

Wir fahren mit dem Auto hoch, bis uns ein Verbotszeichen die
Weiterfahrt untersagt (wp1 N 42° 35.353′ / E 13° 26.227′).

Wir gehen links an der Schranke vorbei leicht bergab. Nach einigen hundert Metern überqueren wir eine Brücke nach links und gehen dann nach einem kurzen Anstieg nach rechts an einer Absperrung vorbei. Hier sehen wir eine rot-weiße Markierung (wp2 N 42°
35.365′ / E 13° 25.654′). Der Weg geht circa zweihundert Meter steil

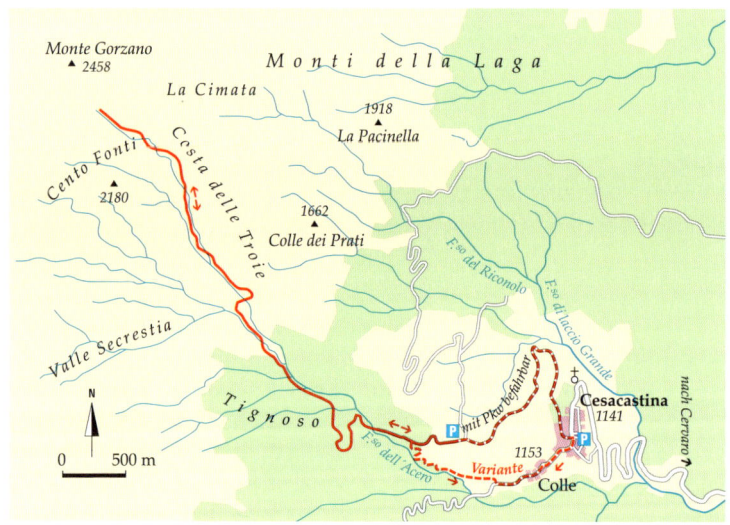

bergauf zu einer kleinen Hütte von ENEL (WP1 N 42°35.364′ / E 13° 25.655′). Achtung, hier müssen wir hinter der Hütte dem markierten Weg folgen. Bitte nicht hier schon in Richtung rauschenden Bach gehen, da der Weg nach kurzer Zeit endet. Wir gehen wieder steil bergauf und entfernen uns vom Bach. Wir kommen dann auf eine Wiese und folgen weiter dem Weg bergauf. Dann geht es wieder in den Wald nach rechts weiter (WP3 N 42° 35.421′ / 13° 25.576′). (Hinweis: hier am Eingang des Waldes warteten Moretti und Peroni auf die Wilderer.)

Schöner Aufstieg neben dem Flußbett aus Stein – mit Blick auf den Corno Grande.

Es geht eine gute Viertelstunde weiter dem Weg nach. An einer Linkskurve folgen wir jetzt nach rechts (WP4 N 42° 35.585′ / E 13° 25.120′) dem Wegweiser zum Bach.

Achtung! An dieser Stelle muss ich jetzt auf eine wichtige, gefährliche Sache hinweisen. Wir kommen in Kürze zu den Cascate (WP5 N 42° 35.662′ / E 13° 25.082′), die einige Kilometer bergauf bis zur Quelle führen. Es ist landschaftlich absolut ein Traum, hier hinauf zu gehen, aber es kann auch lebensgefährlich sein. Viele Warnschil-

der weisen darauf hin, dass man auf gar keinen Fall den Bach überqueren darf, und diese Warnung ist wirklich ernstzunehmen. Es
verunglücken jedes Jahr einige Wanderer
schwer, ja sogar tödlich, weil sie diese Warnung nicht beachten. Das Wasser fließt nicht

Der Weg führt direkt am Bach entlang, wobei wir auf das Schmelzwasser achten müssen.

in einem normalen Bachbett mit Steinen und Sand, sondern über
große Steinplatten. Diese sind sehr rutschig, und ein Versuch, ins
Wasser zu steigen, kann tödlich enden. Bleiben Sie deshalb auf den
Wegen und genießen Sie den tollen Anblick des hinunterstürzen-
den Wasser von dort aus. Einige Pfade enden am Bach; im Hochsom-
mer, wenn das Bachbett ausgetrocknet ist, kann man hier die Steine
betreten, aber auf keinen Fall, wenn der Bach Wasser führt. Dann
bitte unbedingt wieder ein kurzes Stück zurückgehen und den
nächsten Pfad nach oben nehmen.

Nach einiger Zeit überqueren wir die Baumgrenze. Hier stürzt der
Bach über weite Wiesen ins Tal hinab. Wir gehen noch einige Zeit
nach oben und bleiben dann einige Zeit in der Sonne sitzen und genießen die Aussicht. Für das nächste Mal nehmen wir uns vor, unsere Rucksäcke mit einer guten Brotzeit zu füllen und hier oben zu

essen. Heute aber wird es Zeit, zurück zu gehen, um noch rechtzeitig nach San Giorgio zu kommen.

Wenn wir das Auto im Dorf stehen gelassen haben, genießen wir jetzt noch einen schönen leichten Rückweg nach Cesacastina. Beim Rückweg kommen wir wieder am ENEL Haus vorbei. Circa 200 Meter nach der Brücke, kurz vor dem oberen Parkplatz, gehen wir rechts hinunter und folgen dem Wegweiser Cesacastina zum Ort. Am Ortsbeginn ist auf der linken Seite eine antike Wasseranlage zu bewundern. Die kleine Kirche mit ihrer außenliegenden Glockenanlage ist ebenfalls einen kurzen Besuch wert.

Auf der Rückfahrt nehmen wir nach ein paar Kilometer die Abzweigung nach Crognaleto und folgen dann der Wegweisung nach Montorio. In San Giorgio angekommen, fahren wir langsam durch den Ort und müssen an dessen Ende aufpassen, die einfache Trattoria nicht zu übersehen. Sie ist auf der linken Seite, leider bis zum heutigen Zeitpunkt ohne Kennzeichnung. Das Haus ist weiß gestrichen, und auf der Terrasse steht ein Tischfußball. Auf dem Parkplatz daneben stellen wir unser Auto ab. Im Gastraum brennt Licht, und ein guter Duft kommt uns aus der Küche entgegen. Drei Damen, die einzigen Gäste, begrüßen uns freundlich. Die Wirtin, Signora Loreta, heißt uns willkommen, und auf unsere Frage, ob wir etwas zu essen bekommen können, bietet sie uns sofort einen Platz an. Die drei Damen am Nachbartisch sind schon bei der Nachspeise und geben uns Empfehlungen, was wir essen sollen. Eine der Damen ist die Bürgermeisterin des Ortes, wie wir aus ihrem Gespräch erfahren. Im Lokal ist es noch sehr frisch, und wir fragen, ob wir auch draußen auf der sonnigen Terrasse essen können. »Aber gerne«, erwidert die Wirtin. Wir nehmen unsere Gläser und Besteck, und die Wirtin schiebt unserer Freundin Karin noch schnell eine Tischdecke unter den Arm. Draußen ist es angenehm warm, und wir haben einen grandiosen Ausblick auf den Corno Grande.

Bei den *antipasti* ist außer der üblichen guten Salami und Schinken auch eine selbstgemachte *crema di formaggio* dabei. Hier handelt es sich um eine Mischung aus Schaf- und Ziegenmilch; bei dem Reifeprozess fermentiert der Schafskäse 20 Tage lang und wird dabei immer wieder mit einem Holzlöffel umgerührt, danach wird er dann mit Ziegenmilch zwei Stunden geköchelt und das Fett entzogen. Übrig bleibt eine köstliche, sehr würzige *crema*. Nach der anschließenden Pasta mit Steinpilzen und Hackfleisch müssen wir auf das *secondo* verzichten. Nachdem die Signora Loreta schon zweimal nachgefragt hat, ob es uns schmeckt, und auch für Weinnachschub gesorgt hat, kommt nun die Frau Bürgermeister und räumt unser Geschirr ab. Auch sie versteht nicht, warum wir kein Grillfleisch mehr nehmen, freut sich aber, dass wir uns noch für die *dolci* entscheiden. Wir probieren die selbstgemachte *crema Chantilly*, was wir nicht bereuen. Zum Schluss trinken wir noch einen Kaffee und verlassen die Trattoria nach einer herzlichen Verabschiedung. Einen kleinen Becher von dem selbstgemachten Käse nehmen wir natürlich noch mit.

Wir können der Straße weiter folgen und kommen nach einer guten halben Stunde wieder nach Montorio zurück.

Informationen
- Cesacastina 1150 m. Parco Nazionale Monti della Laga
- Region: Abruzzen
- Provinz: Teramo
- Höchster Berg: Monte Gorzano 2.458 m

Essen
- »Albergo Ristorante La Rocchetta«, An der ss 80 vor Ortolano, Tel. +39-0861-950114
- »Il Porcellino«, An der ss 80 kurz nach der Einfahrt zum Nationalpark, Tel. +39-08 61-59 18 38
- »Trattoria Loreta«, San Giorgio, Tel. +39-08 61-951 06, Cel. +39-349-456 06 97

Rechts: Unser Startpunkt befindet sich oberhalb von Cesacastina.

Wanderung 2: Campotosto/Monte Cardito

Auf der ss 80 erreichen wir über Teramo und Montorio den Eingang zum Parco Nazionale. Von hier aus schlängelt sich die ss 80 in unzähligen Kurven in Richtung L'Aquila. Es ist noch recht früh am Tag, und so fahren wir, ohne anzuhalten, an einigen Einkehrmöglichkeiten vorbei. Wenn wir uns eine Nachmittagstour vorgenommen haben, kehren wir gerne zum Mittagessen nach etwa 3 Kilometern im »Il Porcellino« ein. Die überdachte Terrasse des Lokals bietet genügend Platz, weshalb eine vorherige Reservierung nicht nötig ist. Die

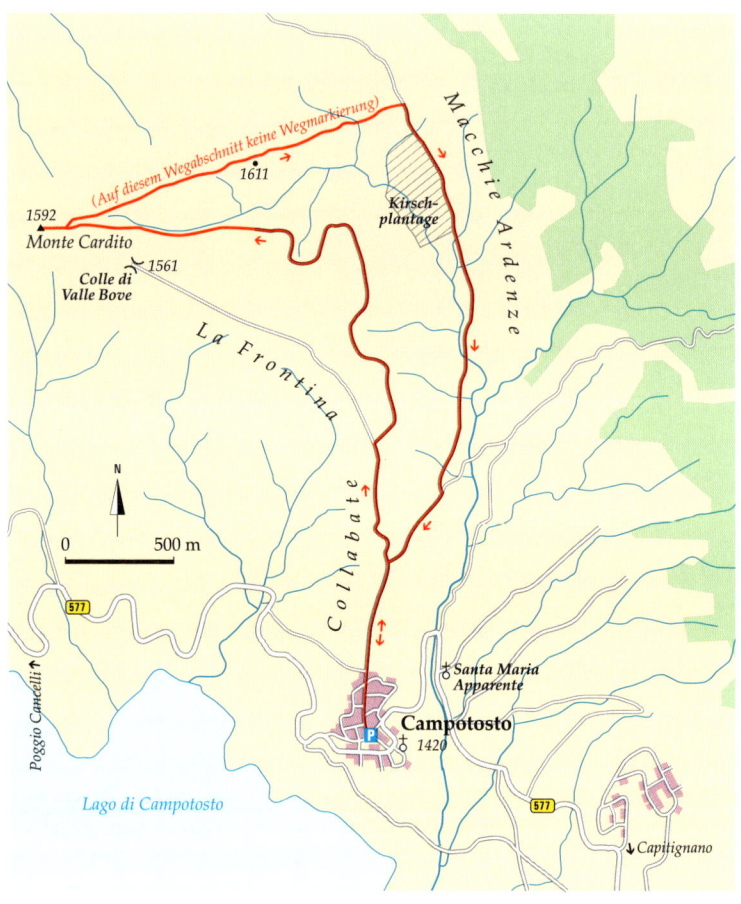

antipasti sind hier immer gut und reichhaltig. Zu empfehlen ist auch die Pasta mit *gamberi di fiume* (Flusskrebse).

Heute sind wir aber sehr früh unterwegs und werden erst nach unserer Wanderung einkehren. Nach etwa 25 Kilometern fahren wir am Ristorante »La Rocchetta« vorbei. Hier kehren wir gerne ein, wenn wir von den Cento Cascate zurückkommen (siehe Wanderung Cesacastina). Kurz darauf erreichen wir Ortolano. An der »Bar Trattoria Val Chiarina« trinken wir einen Kaffee und fahren anschließend nach circa 50 Meter rechts die gesperrte Straße hinauf zum Lago. Die Straße war früher unasphaltiert und sehr schlecht zu befahren. Vor einigen Jahren erhielt sie einen Belag, blieb aber trotzdem für den Verkehr gesperrt. Wer lieber den offiziellen Weg fahren will, bleibt auf der ss80, biegt dann rechts auf die ss577 ab und gelangt so zum Lago di Campotosto. Mit der

Steinbrunnen in Campotosto auf dem Weg in Richtung Monte Cardito.

Abkürzung sparen wir uns 14 Kilometer und kommen nach einer guten halben Stunde Fahrzeit (ab der Einfahrt zum Nationalpark) am Lago an. Wir biegen rechts ab und fahren am See entlang. Die Aussicht ist hier nach allen Seiten wunderschön. Der See verzweigt sich in Form eines Ypsilons; seine Größe von 14 Quadratkilometern macht ihn zu einem der größten Stauseen Europas, und er versorgt die ganze Region mit Trinkwasser. Eine Brücke, die über den See führt, schimmert vor den noch schneebedeckten Bergen des Gran Sasso im Morgenlicht. In einiger Entfernung sieht man jetzt auf den kleinen Ort Campotosto, den wir in wenigen Minuten erreichen. Unser Auto stellen wir in der Ortsmitte ab. Bevor wir mit unserer Wanderung beginnen, schauen wir nach, ob die »Trattoria Barilotto« am Mittag geöffnet hat. Die Eingangstüre steht offen, und wir reservieren uns einen Tisch. Lassen Sie sich nicht von dem etwas hässlichen Behelfsbau abschrecken, in dem die Trattoria seit dem schweren Erdbeben 2009 untergebracht ist; der Wirt hat sich alle Mühe gegeben, die Trattoria so gemütlich wie möglich einzurichten, und das Essen ist sensationell. Sollte die Trattoria geschlossen sein, empfiehlt sich ein Besuch in der Bar »La Tana del Lupo«, die von Marco geführt wird. Die Speisekarte an der Wand ist zwar sehr übersichtlich, aber die Panini mit gegrillter Salsiccia und Gemüse aus der Gegend schmecken ausgezeichnet. Eine weitere Alternative wäre vor Beginn der Wanderung ein Besuch bei Marcos Schwager, der den kleinen *alimentari,* den Lebensmittelladen, betreibt. Dort kann man sich eine Brotzeit für unterwegs besorgen, frisches Brot von hier und die typische Mortadella aus Campotosto, genügend Wasser oder/und eine Flasche Montepulciano – dann steht einem Picknick mit traumhafter Aussicht nichts mehr im Wege. Noch eine kleine Anmerkung: Sollte der Laden geschlossen sein, einfach gegenüber an der Haustüre klingeln.

Wir beginnen unsere Wanderung gegenüber der »Trattoria Barilotto« und gehen die Via Castello bergauf durch den Ort (WP1 N 42° 33.448'/E 13° 22.179'). Die Spuren des Erdbebens kann man an vielen Häusern noch deutlich erkennen; sie sind mit Holzbalken und Stahlseilen gesichert. Nur nach und nach werden die alten Häuser renoviert, mit viel Mühe und unter Verwendung der alten Baumaterialien, um den Charakter der Ortschaft zu erhalten.

An den noch immer bewohnten Behelfsunterkünften und einem schönen Steinbrunnen vorbei geht es hinaus aus dem Ort zur Madonna di Medjugorje (WP2 N 42° 33.749'/E 13° 22.095'). (Hinweis: Blick Richtung Westen zum See. Auf der Wiese am See war der Fundort von Roberto Trulli.)

Wir gehen links an der Madonna weiter den Weg steil bergauf.

Im April ist der Weg teilweise noch mit Schnee bedeckt. Nach einer guten halben Stunde erreichen wir den Gipfel des Monte Cardito (WP3 N 42° 34.711'/E 13° 21.156'). Er ist unscheinbar, ohne Gipfelkreuz. Von hier aus blicken wir nach Osten auf den Hügel neben uns. Er ist noch etwas höher als unser jetziger Standort. Wir gehen auf den Hügel (ohne Wegmarkierung) und erreichen unseren höchsten Punkt für heute (WP4 N 42° 34.873'/E 13° 21.411'). Von hier aus haben wir den schönsten Blick über den See.

Ohne Weg und Markierung steigen wir den Hügel weiter ostwärts wieder hinab. Nach etwa dreihundert Metern kommen wir auf ei-

nen alten Fahrweg (WP5 N 42° 35.158 / E 13° 21.951'). Den gehen wir nach rechts weiter. Es ist ein uralter Fahrweg, doch die alten Steine, mit denen der Weg befestigt war, sind eine Zeit lang gut zu erkennen. Auf der rechten Seite kommt nun ein großer Wald mit

Blick auf den Lago di Campotosto. Rechts im Hintergrund: die Berge der Monti della Laga.

vielen Kirschbäumen. Er wurde einst mit EU-Fördergeldern angelegt, doch heute wird dort kommerziell keine einzige Kirsche geerntet. Nicht einmal eine Straße führt mehr hierher. Das Gelände ist zwar eingezäunt und das Betreten verboten, aber wenn Kirschenzeit ist, kann man an vielen Stellen zu den Bäumen gelangen und sich ein paar von den großen, süßen Kirschen holen. Wir folgen weiter dem Hohlweg, der jetzt rotweiß mit SI markiert ist. Einige Zeit später, immer noch der Markierung folgend, kommen wir über ein Ginsterfeld zu einem kleinen Bach, den wir überqueren (WP6 N 42° 34.525' / E 13° 22.437'), dann geht es kurz steil bergauf. An einem Wasserhochbehälter (WP7 N 42° 34.280' / E 13° 22.395') links vorbei kommen wir auf einen Kiesweg. Ihm folgen wir weiter Richtung See und

Die Madonna di Medjugorje. Links geht es weiter zum Monte Cardito.

gelangen nach einem letzten steilen, etwa zweihundert Meter langen Anstieg zur Madonna di Medjugorje. Von hier aus gehen wir wieder zum Ort zurück und freuen uns jetzt auf die »Trattoria Barilotto« (Hinweis: Trattoria im Krimi). *Antipasti, Primo, Secondo, Dolce*, wir lassen uns vom Wirt die Speisenkarte aufzählen und genießen unser Mittagessen. Ein kleiner Tipp: Probieren Sie die *Pasta Amatriciana bianca*. Nirgends haben wir dieses Gericht besser gegessen. Den Kaffee trinken wir draußen auf der Piazza und bleiben noch einige Zeit sitzen.

Informationen

- Campotosto 1420 m
- Region: Abruzzen
- Provinz: L'Aquila
- Circa 600 Einwohner
- 2009 durch Erdbeben stark beschädigt
- Wanderzeit: ganzjährig, außer Winter

Essen

- »Osteria Del Pescatore«, Direkt am Lago, ca. 3 km vor Campotosto. Zu empfehlen: gegrillter Fisch aus dem See
- »Trattoria Barilotto«, ganzjährig geöffnet, Tel. +39-0862-900141
- »La Tana Del Lupo«, Bar, kleine Gerichte, begrenzt geöffnet.

Übernachten

- »Hotel Valle«, Via Roma 57, Tel. +39-0862-900119

Wanderung 3: Umito

Von San Benedetto aus fahren wir auf der Superstrada nach Ascoli Piceno. Wir bleiben auf der ss 4 und fahren 19 Kilometer weiter nach Acquasanta. Unmittelbar vor dem Ortsschild biegen wir rechts ab und folgen 9 Kilometer der Wegweisung nach Umito. Die Straße ist sehr kurvenreich, und mit jedem Kilometer dringen wir weiter in den Nationalpark Gran Sasso e Monti della Laga ein. Wir fahren an den Orten Pito und Pozza vorbei und erreichen nach einer Viertelstunde den kleinen Ort Umito. Irgendwie hat man hier den Eindruck, dass die Zeit vor fünfzig Jahren oder mehr stehen geblieben ist. Langsam fahren wir durch den Ort und sehen einen alten Lebensmittelladen, vor dem sich die wohl letzten Einwohner versammelt haben. Sie sehen uns noch nach, bis wir um die nächste Kurve fahren und den Ort wieder verlassen. Wo die asphaltierte Straße in einen Waldweg übergeht, sehen wir auf der rechten Seite den »Agriturismo Laga Nord«. Auch mit einem normalen PKW lässt sich der Waldweg mit Schrittgeschwindigkeit gut befahren. Etwa nach dreihundert Metern parken wir dann an einem Schild, das uns das Weiterfahren verbietet.

Von hier aus starten wir unsere heutige Wanderung (WP1 N 42° 43.918 / O 13° 23.865). Gemütlich gehen wir den Waldweg am Bach

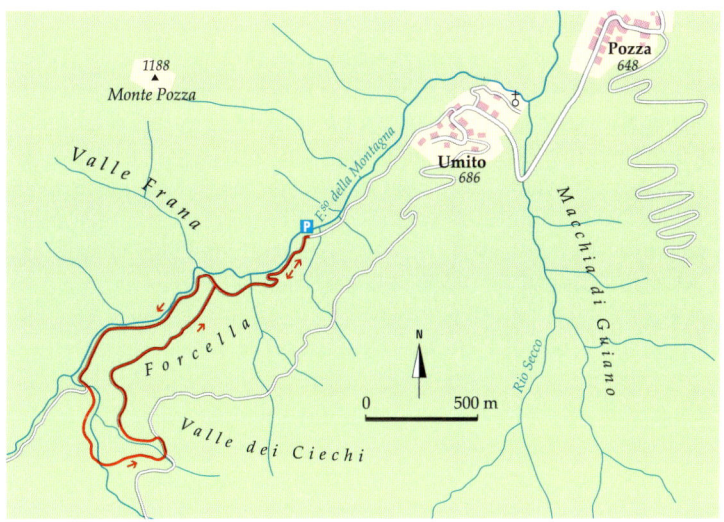

entlang, stets leicht bergauf. Auf beiden Seiten des Weges sehen wir viele Kastanienbäume, die Haupteinnahmequelle der hiesigen Bewohner. Auf Schildern am Wegrand lesen wir, dass es verboten ist, die Kastanien zu sammeln, was jetzt im Juli allerdings kein

Start der Wanderung: Im Kastanienwald ist das Sammeln auf der ganzen Route verboten.

Thema ist. (Hier haben Commissario Moretti und Sergente Peroni im Dienstwagen von Questore Brolio vergeblich auf Sandro und Jonathan gewartet.) In den letzten Tagen hat es viel geregnet, und der Bach führt viel Wasser, was mir etwas Sorge bereitet, da wir den Bach an zwei Stellen überqueren müssen und unsere heutigen Wandergäste unter anderem zwei nette ältere Herrschaften aus Milano sind, denen ich keine nassen Füße zumuten möchte. Nach circa 35 Minuten kommen wir zu einer Abzweigung, an der wir dem Weg steil bergauf nach links folgen (WP2 N 42° 43.533 / O 13° 23.108).

20 Minuten etwa dauert der Aufstieg, immer in der Nähe des Baches. Ein paar Mal bleiben wir stehen und schauen uns an, wie das Wasser über die großen Steinplatten ins Tal rauscht. Achtung: Steigen Sie auf keinen Fall auf die nassen Steinplatten im Bach, Lebensgefahr! Jetzt erreichen wir einen Steg, über den wir den Bach

gefahrlos überqueren können (WP3 N 42° 43.391 / O 13° 23.162). Nach dem Steg geht es wieder steil bergauf, etwa 100 Meter, dann

Überquerung einer alten Holzbrücke.

biegen wir unterhalb einer mächtigen Felswand links ab und gehen parallel zur Felswand weiter. Hier muss vor vielen Jahren einmal ein Flusslauf gewesen sein, die Auswaschungen an der Felswand sind deutlich zu sehen. Der Weg geht nun eine Viertelstunde bis zur zweiten Bachüberquerung weiter. Heute jedoch ist kein Wasser im Bachbett, und wir können entspannt unseren Weg fortsetzen (WP4 N 42° 43.411 / O 13° 23.269). Hier haben wir auch unseren heutigen höchsten Punkt mit 914 Metern erreicht. Immer leicht bergab geht es nun wieder Richtung Umito zurück.

Nach einer halben Stunde kommen wir an einer kleinen Lagerhütte der Bauern vorbei (WP5 N 42° 43.678 / O 13° 23.691). Weiter bergab erreichen wir kurz danach eine Holzhütte, an der wir wieder auf unseren Waldweg zurückkommen. Wenn die Gatter verschlossen sind, geht man einfach ganz an der Seite des Zaunes auf den Weg zurück. Nach ein paar Minuten kommen wir dann wieder an unserem Ausgangspunkt an.

Zum Mittagessen können wir zwei Lokale empfehlen. Entweder

den »Agriturismo Laga Nord« am Anfang der Asphaltstraße in Umito oder in Pozza das Ristorante »Lupus in Tavola« (das Lokal von Lisa Zinga, der Freundin von Commissario Moretti).

Informationen
- Wanderzeit: ganzjährig, nicht zu empfehlen nach starkem Regen
- Frazione Umito, 63041 Acquasanta Terme, Provinz Ascoli Piceno, Marken

Essen
- »Agriturismo Laga Nord«, Tel. +39-0736-804888, agriturismo-laganord@libero.it
- »Bar Ristorante Lupus in Tavola«, Pozza, Tel. +39-349-0876767, info@lupusintavola.com

Übernachten
- »Agriturismo Laga Nord«

Nach dem steilen Aufstieg die Natur genießen.

Wanderung 4: Ripe

Von Tortoreto aus über die SP 8 sind es 36 Kilometer nach Ripe, von Teramo kommend auf der SS 81 19 Kilometer, und von Ascoli Piceno erreichen wir Ripe ebenfalls über die SS 81 nach nur 23 Kilometern. Bei der Auffahrt nach Ripe hat man einen ersten schönen Blick auf das nahegelegene Civitella mit seiner imposanten Festung. Diesen Ort sollte man auf alle Fälle besuchen. Nicht nur die Festung, auch der alte, kleine Ort mit seinen vielen Gassen und liebevoll restaurierten Häusern ist einen Spaziergang wert.

Seit September 1994 beherbergt der Ort in einem 500 Jahre alten Kloster den Orden »Familie Mariens«. Wir durften die Schwestern in ihrem Kloster schon zwei Mal besuchen und mit ihnen beten. Es ist wirklich ein ganz besonderes Erlebnis, im Haus des heiligen Josef, draußen im Klostergarten zu sitzen, sich mit Schwester Cäcilie, Schwester Marianna und den anderen lieben Schwestern, zu unterhalten und dabei eine unbeschreibliche innere Ruhe zu verspüren. Schwester Marianna und Schwester Cäcilie waren es übrigens auch, die uns die schöne Wanderung in Umito empfohlen haben.

In Ripe angekommen, suchen wir uns einen Parkplatz und beginnen unsere Wanderung in Richtung Grotte S. Angelo. Die asphaltierte Straße wird bald zur Schotterpiste Vorbei an einer Schranke geht es 200 Meter bergab zu einem Parkplatz. Wir sind absichtlich nicht

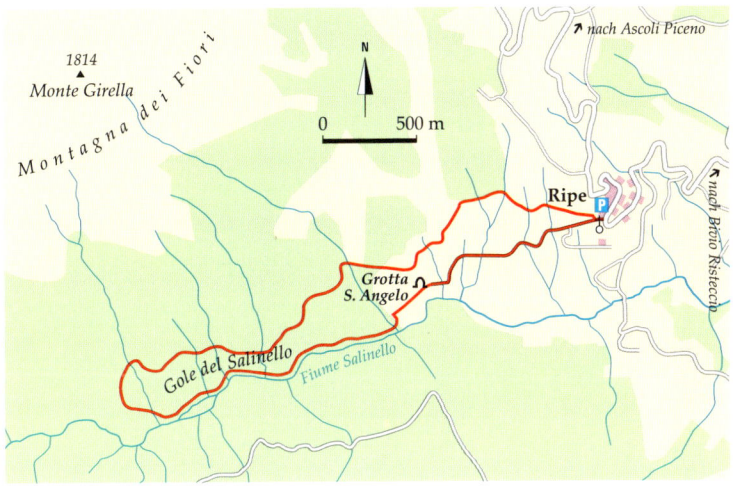

mit dem Auto hierher gefahren, weil wir auf dem Rückweg oben im Ort ankommen und uns so den Rückweg zum Parkplatz sparen. Außerdem ist der Rückweg in den Ort schöner und nicht so anstrengend. Wir gehen weiter in Richtung Grotte, die wir bald dar-

Angenehme Abkühlung. Bei hohem Wasserstand ist die Wanderung nicht möglich.

auf erreichen. Nur am Wochenende ist sie zu besichtigen, und so gehen wir weiter, das Tosen des Wassers haben wir jetzt schon im Ohr (WP1 N 42° 45.102 / O 13° 37.276). Jetzt geht es die nächsten 200 Meter steil bergab, bis wir am Wasserfall angekommen sind.

Am Fluss können wir jetzt noch nicht direkt weitergehen. Wir steigen wieder nur ein paar Meter hoch und folgen dann links dem gelbrot markierten Weg. Dann aber endet der Weg unweigerlich am Fluss (WP2 N 42° 44.896 / O 13° 36.881). Jetzt kommt es darauf an, wie viel Wasser er führt. Über die Steine gelangen wir auf die andere Seite des Flusses und folgen dem Weg weiter. Immer wieder müssen wir den Fluss queren, was aber jedes Mal aufs Neue Spaß macht, weil jeder genau überlegt, wie er den Fluss am besten und vor allem ohne nasse Füße überqueren kann. Langsam nähern wir uns dem Höhe-

Öffnung der Schlucht zur Adria hin.

punt der Wanderung, dem Durchbruch des Salinello. Im Juli ist es hier schön kühl, und wir verbringen einige Zeit in der angenehmen Kühle. Noch ein paar Mal geht es mal rechts, mal links des Flusses weiter, bis wir ihn verlassen. Dann kommen wir zum etwas anstrengenden Teil der Wanderung (WP3 N 42° 44.795 / O 13° 36.292), denn jetzt geht es etwa eine halbe Stunde steil bergauf. Zwischendurch erreichen wir einen schönen Aussichtspunkt, wo wir uns von dem Aufstieg erholen. Danach geht es noch einmal kurz steil hinauf, bis wir eine Wegkreuzung erreichen. Links geht es nach Macchia da Sole, wir biegen jedoch nach rechts ab, in Richtung Ripe. Ein schöner Höhenweg führt uns zurück nach Ripe. Nur einmal müssen wir aufpassen: Nach einer guten halben Stunde ist der Weg geradeaus mit Ästen abgesperrt. Hier folgen wir stattdessen dem Weg scharf rechts, weiter bergab. Immer wieder bleiben wir stehen und genießen den Blick hinaus zur Adria, der Sommerduft unzähliger Blumen und Bäume begleitet uns.

Dem Weg sieht man an, dass nicht viele Wanderer ihn begehen, immer wieder ist er sehr zugewachsen, aber die Orientierung verliert man nicht. Wie so oft hier in den Bergen haben wir auf unserem Weg keine Menschenseele getroffen.

Als wir wieder zurück in Ripe sind, begrüßen uns zumindest die Dorfhunde, von denen wir uns vor circa 2 Stunden verabschiedet haben.

Im »Ristorante Le Grotte« lassen wir uns nieder und genießen das Mittagessen. Es sind wieder die landestypischen Gerichte, die uns hier so gut schmecken. Vorspeisen mit Schinken und Käse, anschließend die Pasta mit *funghi porcini* und *tartufo*. (Auch Commissario Moretti und Sergente Peroni kehren hier ein.) Manchmal, wenn gute Esser dabei sind, schaffen wir auch noch eine Portion gegrilltes Fleisch. Für den Kaffee las-

Unterwegs bietet sich uns eine überwältigende Pflanzenwelt.

sen wir uns noch etwas Zeit, nach dem Essen fahren wir nach Ascoli Piceno und trinken einen Espresso bei Meletti.

Pause mit grandioser Aussicht.

Informationen

- Wanderzeit: ab Juni, je nach Wasserstand im Salinello
- Ripe di Civitella, Comune di Civitella del Tronto, Provinz Teramo

Essen

- »Ristorante Le Grotte« Ripe di Civitella
- »Ristorante L'Antica Locanda« Ripe di Civitella, Tel. +39-0861-91145, Cel. +39-338-2154943.
  Auch hier kehren wir gerne ein, nicht nur wegen der ausgezeichneten Küche, denn die Wirtsleute sind besonders freundlich. Carlo Napoleone bringt schon mal die Pasta ungekocht an den Tisch, um zu erklären, wie sie hergestellt wurde. Minuten später steht er mit seinem Gewehr vor uns und zeigt auf die große Wiese gegenüber, wo er am Tag zuvor eigenhändig ein Wildschwein erlegt hat.
  Cerqueto (circa 12 Kilometer Richtung San Giacomo)
- »Bar Ristorante da Ida«, Francesca Di Filippo Tel. +39-0861-917100 (Flusskrebse, *gamberi di fiume,* einen Tag vorher bestellen. Bitte denken Sie daran, dass der Kauf der *gamberi* für die Signora Ida nicht billig ist. Betrachten Sie Ihre Reservierung daher als verbindlich.)

Wanderung 5: San Giacomo

Unsere Wanderung beginnen wir in San Giacomo. Erreicht haben wir unseren heutigen Ausgangspunkt über die Superstrada von San Benedetto nach Ascoli Piceno. In Ascoli folgen wir der Wegweisung nach Colle San Marco und dann der SP76 nach San Giacomo. Etwa 20 Minuten dauert die Auffahrt nach San Giacomo, das auf 1104 Meter liegt. Einige Lifte ermöglichen hier im Winter das Skifahren. Wir parken unser Auto auf der Straße neben dem einzigen Hotel. Von hier aus folgen wir der SP53 ein kurzes Stück in Richtung Ripe, dann dem Wegweiser »Ripe di Civitella 4h 10'« nach rechts. Nach circa 50 Metern halten wir uns links und gehen den Weg steil bergauf. Wir überqueren die Skipiste und folgen den Steinmännchen, die uns ab jetzt den Weg zeigen werden. Jetzt sehen wir eine *caciara* und gehen darauf zu. Diese kleinen Steinhäuser, die an die apulischen Trulli erinnern, dienten früher den Schafhirten dieser oft rauhen und unwirtlichen Gegend als Unterstand (WP2 N42° 47.820 / O13° 34.610). Dem Schild daneben entnehmen wir, dass es hier eine kleine An-

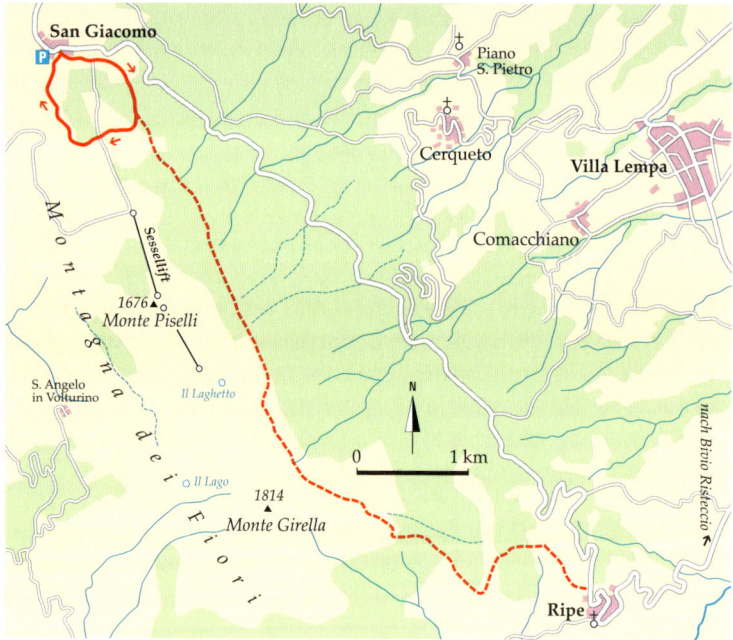

lage, bestehend aus verschiedenen Gebäu-
den, sowie mit Steinmauern umgebene
Weideflächen für die Unterbringung der
Schafe gab. Wir folgen nun den Steinmännchen weiter bergauf in Richtung Süden, blei-

*Wegweiser am
Ortsausgang von
San Giacomo in
Richtung Ripe.*

ben dabei weitestgehend auf gleicher Höhe und genießen immer
wieder den weiten Blick bis zur Adria.

Nach einer guten halben Stunde gelangen wir an einen kleinen
Teich. Von hier aus ergeben sich drei Möglichkeiten weiterzugehen.
Entweder wir bleiben auf dem Höhenweg und erreichen nach etwa
3½ Stunden Ripe (Ausgangspunkt unserer Wanderung durch die
Schlucht des Salinello). Dieser schöne Waldweg ist besonders in der
heißen Jahreszeit zu empfehlen. Da ihn nicht viele Wanderer gehen,
ist er teilweise schlecht zu erkennen, es sind so gut wie keine farbli-
chen Markierungen vorhanden, nur eben die Steinmännchen. Der
Weg führt oft in Bergeinschnitte hinein, wo es teilweise recht steil
bergauf und bergab geht. Es empfiehlt sich auf jeden Fall, ein Fahrzeug in Ripe zu parken, dann hinüber nach San Giacomo zu fahren
und von dort aus die Wanderung zu beginnen. Im Herbst sieht man
bei der Anfahrt sehr oft geparkte Fahrzeuge am Straßenrand stehen.
Sie gehören den Trüffelsammlern, die hier mit ihren Trüffelhunden
unterwegs sind.

Eine Alternative ist der Aufstieg hinauf zu dem großen Sendemast. Von hier aus hat man eine schöne Rundumsicht. Über die großen Weideflächen geht es dann zurück zum Ausgangspunkt. Wenn man sich mit einer kleineren Runde begnügen will, kann man jetzt die Skipiste in Richtung Westen queren und durch ein Wäldchen wieder auf eine große Wiese gelangen, wo uns wiederum die Steinmännchen zu unserem Auto zurückbringen. Es soll übrigens Glück bringen, wenn man zu den Männchen einen Stein dazulegt, darum tun auch wir es hin und wieder.

Die weite Wanderung nach Ripe heben wir uns für das nächste Mal auf und wählen den Weg durch den Wald auf die Wiese. Bald sehen wir unter uns wieder das Hotel und den großen Parkplatz von San Giacomo. (Hier an der Waldgrenze haben Moretti und Peroni die Wilderer gestellt.) (WP3 N 42° 47.603 / O 13° 34.411)

Für unseren heutigen kulinarischen Höhepunkt haben wir uns etwas ganz Besonderes ausgesucht. Schon am Vortag haben wir »Da Ida« in Cerqueto unseren Mittagstisch bestellt. Wir fahren mit dem Auto in Richtung Ripe und biegen nach einigen Kilometern links ab nach Cerqueto. Elf Kilometer sind es von San Giacomo aus, die sich aber wirklich lohnen. Das »Ristorante Da Ida« von Francesca di Filippo

macht von außen sicherlich nicht viel her, doch wie bei den anderen Wanderungen, die wir in diesem Buch beschreiben, stellt es sich auch hier heraus, dass gerade die unscheinbaren Einkehrmöglichkeiten die wirklichen Geheimtipps sein können. Im Ristorante empfängt uns die Tochter der Wirtin sehr freundlich und bringt uns an unseren Tisch. Alles ist sehr sauber und gepflegt, da stört es auch nicht, dass aus der dazugehörigen Bar eine andere Musik ertönt als im Ristorante, wir lachen darüber und freuen uns auf unser Essen, das wir ges-

Wegweisung mit Steinmännchen –
immer gut sichtbar.

tern vorbestellt haben. Die hiesige Spezialität sind *gamberi di fiume* (Flusskrebse), als
antipasti mit frischem Salat, als *primo* mit
frischer Pasta und als *secondo* vom Grill und
gedünstet in pikanter Sauce. Dazu fehlt nur
noch guter Rosé, und *la vita è bella*. Leider
gibt es die *gamberi* nicht als Nachtisch, aber
die *crostata* mit selbstgemachter Apriko-
senmarmelade macht dies doppelt wieder
wett. Wir sind so mit dem Schlemmen beschäftigt, dass wir den Regen draußen erst
bemerken, als wir nach zwei Stunden das
Ristorante verlassen. Unsere Freundin Karin
hat uns wieder einmal aus ihrem scheinbar
unerschöpflichen Reservoir an kulinarischen Plätzen, einen besonderen verraten.
Und damit es so bleibt, leise sein, genießen
und nicht weitersagen.

*Kleines Steinhaus
(»Caciara«) – Unter-
schlupf für Schäfer.*

Informationen

- San Giacomo 1104 m
- Fraz. Castellana, Provinz Teramo
- Im Nationalpark Monti della Laga
- Einwohner: 15
- Berge: Monte Girella 1814 m, Monte Piselli 1676 m
- Wanderwege bei Schnee nicht begehbar.
- Im Winter Skifahren möglich.

Essen

In San Giacomo z. Zt. keine Einkehrmöglichkeiten
Cerqueto
- »Bar Ristorante Da Ida«, Francesca Di Filippo,
  Tel. +39-0861-917100 (*Gamberi di fiume* einen Tag vorher
  bestellen. Bitte denken Sie daran, dass der Einkauf der Fluss-
  krebse für die Signora Ida nicht billig ist, weshalb Sie Ihre
  Reservierung bitte als verbindlich betrachten sollten.
Ripe di Civitella
- »Ristorante Le Grotte«, Tel. +39-0861-91484

Wanderung 6: Castelluccio

Unsere Autofahrt beginnen wir in San Benedetto del Tronto. Auf der zweispurig ausgebauten Superstrada erreichen wir Ascoli Piceno nach circa 25 Kilometern und folgen dann weiter der einspurigen ss 4 Richtung Rom. Nach weiteren 30 Kilometern biegen wir in Trisunga (Bar in der Tankstelle, Hinweis: Ausflug Moretti mit Peroni nach Castelluccio) rechts ab und folgen dem Wegweiser nach Arquata. Auf der linken Seite sehen wir eine alte Burg. Kurz darauf, bei der »Osteria Del Castell«, geht es scharf rechts Richtung Montegallo. Auf dieser Straße, die jetzt stets bergauf führt, bleiben wir, bis uns ein Wegweiser links nach Castelluccio führt. Wir folgen der Straße weiter bis zum höchsten Punkt. Hier, auf der großen Fläche, suchen wir uns einen Parkplatz. Auf der linken Seite sehen wir in circa 200 Metern Entfernung die Schutzhütte »Rifugio degli Alpini«. Einige Hinweisschilder führen in verschiedene Richtungen zu sehr schönen Hochgebirgswanderungen, unter anderen zum Lago di Pilato auf

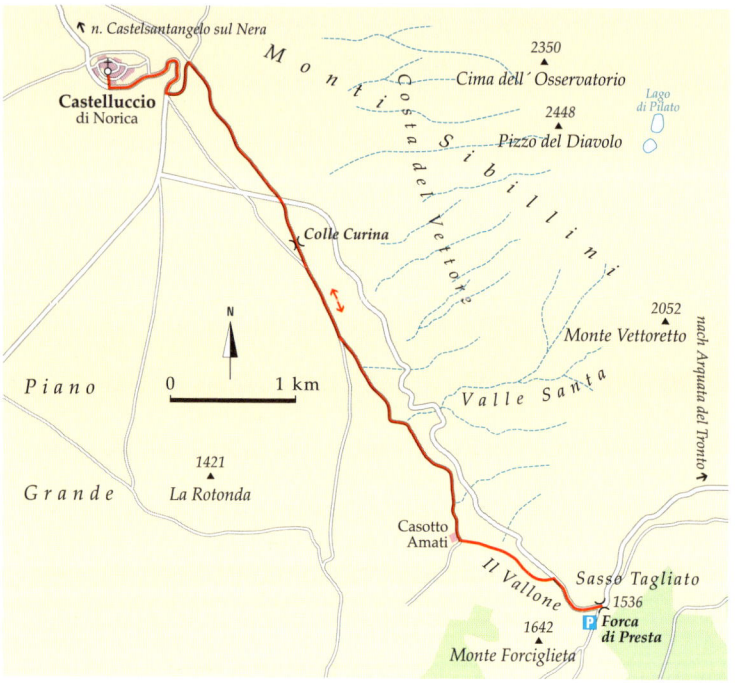

2000 Metern. Wir wollen aber die Hochebene (Piano Grande) hinüber nach Castelluccio überqueren. Dazu folgen wir der asphaltierten Straße auf der linken Seite in Richtung Castelluccio. Nach etwa 100 Metern verlassen wir die Straße und gehen über die Wiese bergab. Hier muss man etwas improvisie-

Kurz nach dem Start sehen wir am Hang gegenüber ein Waldstück, das »ITALIEN« symbolisieren soll.

ren, da es meistens keinen gekennzeichneten Weg gibt. Auf der linken Seite begleitet uns ein kleines Waldstück. Wir bleiben stehen und sehen auf der anderen Seite der Tal-Ebene auf einer erhobenen Position Castelluccio, unser heutiges Ziel. Wenn wir weiter nach links schauen, entdecken wir »ITALIEN«, einen Wald, angelegt in der Form des italienischen Stiefels. Auf dem gesamten Weg gibt es übrigens keinen Schatten, was im Mai, Juni und im Herbst durchaus angenehm ist. Wenn wir von der Wiese auf den ersten Fahrweg kommen, gehen wir rechts den Weg weiter. Nach einer guten Viertelstunde kommen wir zu einer Tiertränke. Die einzelnen Becken sind in Terrassenform leicht abfallend nacheinander aufgestellt und ergeben immer ein schönes Fotomotiv. Anschließend gehen wir links an der Tränke vorbei wieder über eine Wiese, kommen

aber dann gleich wieder auf einen Feldweg. Immer mit Blick auf Castelluccio folgen wir dem Feldweg. Ungefähr auf der Mitte der Hochebene gelangen wir wieder für kurze Zeit auf die asphaltierte Straße. Dann gehen wir auf die nicht sehr schönen Wellblech-

»La vita e bella«: Sonne, Berge, gutes Essen, guter Vino und nette Freunde.

hütten zu, in denen die Bauern ihre Werkzeuge aufbewahren, und rechts daran vorbei. Ein letzter kleiner Anstieg noch hinauf zur Ortschaft, wo wir uns schon auf unser Mittagessen freuen. Unter der Woche ist Castelluccio ein gemütlicher, ruhiger Ort, doch der große Parkplatz und die vielen Einkehr- und Einkaufsmöglichkeiten lassen erahnen, wie es hier am Wochenende zugehen muss. Hier fällt es wirklich schwer, eine Einkehrmöglichkeit besonders hervorzuheben. Bei einem kleinen Spaziergang durch den Ort findet man sicher eine schöne Osteria, Trattoria oder einen Agriturismo. Unser Lieblingsplatz (auch der von Commissario Moretti) ist die »Locanda de Senari«, wo wir einen sonnigen Platz auf der Terrasse finden. *Lenticchie* (Linsen) und der *farotto* (eine Art Dinkelrisotto) sind hier göttlich. Zubereitet mit Steinpilzen und Trüffeln oder pikant mit *peperoncino* sind sie der perfekte Einstieg in eine köstliche Mahlzeit.

Danach ein Teller gegrilltes Fleisch vom Lamm, Schwein oder Rind mit frischem Gemüse und ein Glas Wein dazu – was braucht man mehr?

Ja, doch, da ist noch etwas: die *dolci*. Selbstgemachte Kuchen oder Ricotta mit Honig und Nüssen sind der krönende Abschluss. Wir legen uns anschließend in einen der Liegestühle, die neben der Terrasse stehen, und genießen die Ruhe und den traumhaften Ausblick. Bevor wir uns auf den Rückweg machen, kaufen wir noch in einem der Läden am Parkplatz Käse, Salami und natürlich Linsen ein und verstauen alles in unseren Rucksäcken. Für die gesamte Wanderung mit gut zwei Stunden Aufenthalt in Castelluccio sollte man 6 Stunden einplanen.

Informationen

- Castelluccio 1452 m.
- Höchstgelegene Ortschaft im Apennin
- Region Umbrien, Gemeinde Norcia
- circa 130 Einwohner
- Einkünfte: Landwirtschaft, Linsen und Tierhaltung im Piano Grande, 1270 m.
- Höchster Berg: Monte Vettore 2476 m.
- Beste Wanderzeit: außer Winter ganzjährig, besonders zu empfehlen zur Blütezeit am Piano Grande (je nach Witterung Ende Mai, Anfang Juni)

Essen

Sicher sind auch einige der anderen Ristoranti, Trattorie und Osterie einen Besuch wert, wir empfehlen aber unsere »Lieblinge«:

- »Agriturismo Locanda De Senari« Tel. +39-335-6423131, www.agriturismosenari.it
- »Taverna Castelluccio« Tel. +39-0743-821158 /+39-0743-821100

Übernachten

- »Albergo Sibilla«, info@sibillacastelluccio.com, Tel. +39-0743-821113
- »Taverna Castelluccio« Tel. +39-0743-821158 /+39-0743-821100

Nächste Doppelseite: Auf der Piazza Aringo in Ascoli Piceno.

La Cucina Italiana

Wir sind bei Immacolata Cataldo zu Hause in ihrem B & B *LatteLetto* in Tortoreto. Sie stellt uns die kulinarischen Genüsse aus dem Roman mit Commissario Moretti vor:

Lenticchie, Chitarra Abruzzese, Involtini di melanzane, Amatriciana bianca, Timballo und als *dolce* ein traditionelles Mandelgebäck, *Cantucci*. Sie werden sehen, dass die Gerichte nicht schwierig in ihrer Zubereitung sind. Das Wichtigste sind die Zutaten, wie das frische Gemüse und die Kräuter, die hochwertige Pasta, die Linsen aus Castelluccio oder auch das in der Gegend produzierte Fleisch. Einige der hier beschriebenen Dinge bekommen Sie auch zu Hause in Deutschland in italienischen Feinkostgeschäften oder in den Spezialitätenabteilungen der großen Kaufhäuser. Ganz wichtig ist das Olivenöl, wir verwenden unser eigenes, selbstgemachtes Öl.

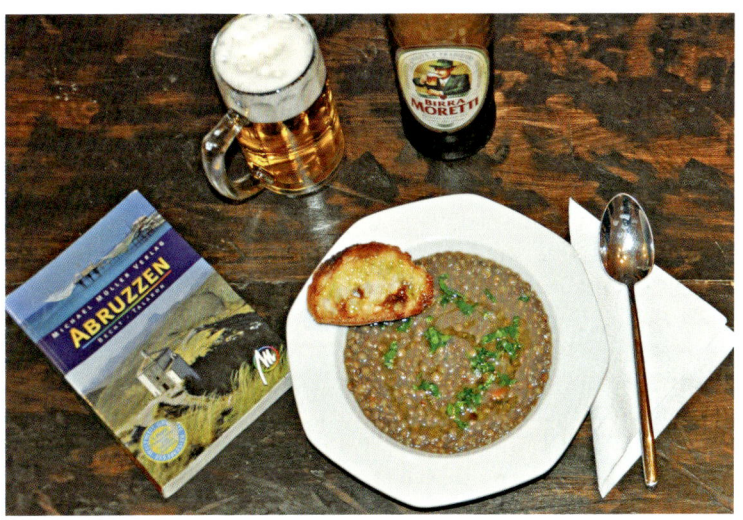

Lenticchie (Linsen)

FÜR 4 PERSONEN
250 g Linsen aus Castelluccio
1 Karotte
1 Schalotte

1 Stangensellerie
1 Lorbeerblatt
Salz
kaltgepresstes Olivenöl

Als Erstes die Linsen gründlich in kalten Wasser waschen. Karotte, Schalotte, Stangensellerie kleinschneiden und zusammen mit den Linsen und dem Lorbeerblatt in einem mittlerem Topf mit einem Liter Wasser auf den Herd stellen und circa 1 Stunde köcheln lassen. Am Ende der Garzeit nach Geschmack salzen. Im Teller ein geröstetes Brot auf die Linsen legen und etwas Olivenöl darüber geben.

Chitarra Abruzzese

FÜR 4 PERSONEN
300 g Spaghetti (empfohlen wird hochwertige handgemachte Pasta aus Campofilone)
500 g Hackfleisch gemischt (Rind und Schwein oder Lamm)
Passierte Tomaten

2 Esslöffel Olivenöl
2 Karotten
2 Schalotten
1 Ei
0,1 ℓ Rotwein (trocken)
Parmesan
Petersilie/Basilikum
Salz

Hackfleisch, Schalotte, Petersilie, Ei, Parmesan, Salz sowie ein Esslöffel Olivenöl zu einem geschmeidigen Teig vermengen. Aus dem Teig etwa haselnussgroße Bällchen formen.

In einem mittelgroßen Topf die Schalotten und die Karotte, beides kleingeschnitten, andünsten, mit Rotwein ablöschen. Danach die passierten Tomaten und die Fleischbällchen dazugeben. Circa 45 Minuten köcheln lassen. Zum Schluss mit frischem Basilikum würzen und nach Geschmack salzen.

Die Spaghetti nach vorgeschriebener Kochzeit abgießen, aber nicht mit kaltem Wasser abbrausen, da sonst die Stärke von der Pasta abgespült wird und die Sauce nicht kleben bleibt. Zusammen mit den Fleischbällchen in eine große Schüssel geben und eine Handvoll geriebenen Parmesan unterheben.

Amatriciana bianca

FÜR 4 PERSONEN
300 g kurze Pasta
250 g Pancetta (geräucherter
    Speck); original wäre Cuan-
    cale, dieser Speck ist aber in
    Deutschland nicht erhältlich

2 weiße Zwiebeln
0,1 ℓ Weißwein (trocken)
50 g geriebener Pecorino
Salz und Pfeffer

Pancetta und Zwiebel in einer Pfanne mit Olivenöl anbraten. Mit Weißwein ablöschen. Ganz wichtig: Die gekochte Pasta nur kurz abtropfen lassen und in die Pfanne geben. Mit dem Pecorino und ordentlich Pfeffer abschmecken. Zum Schluss kaltgepresstes Olivenöl dazugeben.

Involtini di melanzane (Auberginenröllchen)

FÜR 4 PERSONEN
2 Auberginen
   (die längliche Form)
2 Eier
200 g Semmelbrösel
Maisöl zum Braten

200 g gekochter Schinken
2 Kugeln Mozzarella
1 ℓ passierte Tomaten
100 g geriebener Parmesan
Basilikum
Salz

Die Auberginen waschen, trocknen, in etwa 3 Millimeter starke Scheiben schneiden (Brotmaschine) und salzen. Die dünnen Scheiben mit Ei und Semmelbröseln panieren. Mit reichlich Maisöl in einer gut erhitzten Pfanne braten. Wichtig: Die gebratenen Scheiben auf ein Küchenpapier legen und das Bratfett aufsaugen lassen.

In einem mittelgroßen Topf Zwiebel, Olivenöl andünsten und dann die passierten Tomaten dazugeben. Mit Salz und Basilikum nach circa 20 Minuten abschmecken. Die Auberginenscheiben mit dem Schinken und kleingeschnittenen Mozzarellawürfeln belegen und aufrollen. In einer Terrine dicht nebeneinander aufreihen. Jetzt die Tomatensauce darüber geben und mit Parmesan bestreuen. Bei 160 Grad Umluft im Backofen für 20 Minuten backen.

Timballo (Pfannkuchen-Lasagne)

FÜR 4 PERSONEN
4 Eier
0,2 ℓ Milch
150 g Mehl
Salz
1 ℓ passierte Tomaten
500 g Rinderhack

1 kleine Zwiebel
1 Karotte
Petersilie
0,1 ℓ Rotwein
1 Mozzarella
100 g geriebenen
  Parmesan

Aus Eiern, Milch, Mehl und einer Brise Salz den Teig herstellen und hauchdünne Pfannkuchen backen (circa 15 Stück).

In einen mittleren Topf Olivenöl geben, mit kleingeschnittenen Zwiebeln und Karotten andünsten und dann das Hackfleisch dazugeben. Gut anbraten und anschließend mit Rotwein ablöschen. Eine halbe Stunde köcheln lassen. Mit Petersilie und Salz abschmecken.

In einer runden Terrine die Pfannkuchen abwechselnd mit der Tomatenhackfleischsauce schichten, die oberste Schicht mit kleingeschnittener Mozzarella und reichlich Parmesan bestreuen. Mit Alufolie abdecken und bei 180 Grad Umluft im Ofen 20 Minuten backen.

Cantucci

200 g Zucker   400 g ganze Mandeln
4 Eier   1 Päckchen Backhefe
400 g Mehl

Zucker und Eier mit dem Mixer verrühren, Mehl, Mandeln und Hefe unterheben. Anschließend abdecken und an einem warmen Platz circa eine halbe Stunde ruhen lassen.

Vier Rollen formen und 45 Minuten bei 160 Grad Umluft im Ofen backen. Noch im warmen Zustand die Rollen auf ein Brett legen und in etwa 1 Zentimeter breite Scheiben schneiden. Abkühlen lassen und in einer Blechdose aufbewahren.

Notizen

Notizen

Notizen

Notizen